演活自己，就是頂尖

興趣是捷徑，態度有魔法

CONTENTS

CONTENTS

Part 2 一生受用的頂尖品格

CONTENTS

Part 3 頂尖者的關鍵態度

CONTENTS

〈自序〉演活自己，就是頂尖

《演活自己，就是頂尖》一書，乍聽之下很容易被認爲是勵志作品，我的確有此昭然若揭的企圖，談了許多獲得成功的獨門祕方、關鍵條件。但另一方面，它更像談論教養的書，寫給父母閱讀，讓人明白各行各業頂尖者的養成之道；它更是「親子共讀書」，父母可以將它當成「成年禮」，送給孩子閱讀。

主編閱讀初稿時，把它想像成勵志書，這個角度出其不意，便將計就計的把它視爲教養勵志書了。

職業的關係，讓我有機會大量閱讀「人」，繼而明白，小人物並非等閒之輩，有些人更是頂尖達人。

知名人物也非一帆風順；他們未必一步登天，都走過一段崎嶇不平的路，經歷坎坷挫折，不斷的挫敗、爬起、努力與前行，才有後來衆所周知的成就。經營一家不起眼的民宿、一間人文味濃厚的咖啡屋，或是擁有一間很有個性的手工小店；米粉魚丸湯口齒留香、甘蔗汁止咳化痰；牛肉麵一吃上癮、冰品讓人回味再三……這些都不是毒品，卻可以使人不由自主的迷戀。一傳十、十傳百，最後則擁有一批忠誠的消費者，其中原因值得推敲。

我思慮再三，發覺獨特的法門，值得借鏡。這些頂尖者的確具有某些共同的特色，比方說：

不可取代。

下過苦功。

演活自己。

具備創意。

很有遠見。

台上一分鐘，台下絕對需要十年功。反觀身旁有些被社會定位爲佼佼者的人，擁有好的職業、收入優渥，乍看之下是上流社會的一員，但事實上，未必強過一般人多少，甚至還有些悲情。例如有醫生將自己比喻成「時薪很高的奴役」；一些企業家說自己是腰纏萬貫的豬頭；一位職位與月薪皆高的公務人員，戲謔自嘲是吃飽等死的傢伙；這是玩笑話，卻也有幾分真實可信。

「頂尖」這件事，根本無法以傳統世俗的標準來判定。分數高的未必厲害，成績優秀的卻只能做制式化的工作，一流學府的畢業生未必堪用……即使擁有這些，卻遠遠比不上「創意」來得重要，神思敏捷、擁有創造力的人，遠遠勝過只懂得舉一反一、照本宣科的書呆子。

出了校門，踏進社會後，已經不用學歷與分數做爲評量標準，而是「能力」。能力不可能單憑一張畢業證書就決定，它必定包括態度、人格等特質在內，我們稱這些是「內在智慧」，它的重要性遠超過外在智慧。任何一家甚具規模的公司，老闆不會以學歷高低作爲職位高低的分配、升遷管道的依據、論功行賞的標準、分紅的門檻……這是事實。可是當我們在職場上失利，聯想到的依舊是學歷不夠，需要進修，若再不受重用，就繼續進修……唉，進修進修何時休？

日本有項研究調查指出，讀書考試所取得的「成功指數」，反而不如早睡早起、有吃早餐、常常運動等看似無用的習慣。

書名《演活自己，就是頂尖》正是精神意義的所在，成爲頂尖者的好處我知之甚詳——

事半功倍。

與衆不同。

擁有參與權。

享受決定權。

在我的心目中，人人都是頂尖者，我們欠缺的不是學歷，而是態度與人格。我在本書中的某些章節，將態度與人格的重要性做了更細膩的舖陳，但盼一時俊彥全具備謙虛、和氣、沒有架子、寬容、有度量等特質。

武俠小說中所寫的各大門派很適合我的想法，它們各有武學精華、上乘功夫，武當未必不如少林，峨嵋未必比不上崆峒，青城派未必遜於華山，重點在於練武者有沒有學到各自門派的武學精微。

人人都是一個門派，都有各自的絕學，重點在於如何學得精妙、學得頂尖，才是關鍵之道。

——游乾桂寫於閒閒居

〈附記──演講預約〉

意外發現很多人邀請不到我演講，因為經由別人仲介，得到的答案都是我很忙、價錢很高，甚至沒有兩百人不講，再也不去學校演講等；在此必須澄清：演講是我目前的重要工作，也是理念的法施，不可能輕易拒於門外。

於是，我開出一條演講直通道，讓人預約──

聯絡電話：**22395029、0963391205**

聯絡信箱：**ycg1206@gmail.com**

以上兩種方式可輕易連絡上我。上課無法接電話時，電子郵件最保險，我最遲兩天就會上網查閱一回。

Part 1 頂尖的六個魔法

懂得在不同的年紀做不同的事，織不一樣的夢，
有著不同的高度與視野；
這樣的人有如禪師、開悟者，怎麼可能沒有位置？

屬於自己的不傳密碼

李安、李國修、蔣勳、王建民、郭泓志、馬友友、郎朗、吳炫三、張曼娟、李敖、林懷民、朱銘、楊英風、趙無極、姚明、丁肇中、李連杰、甄子丹等，族繁不及備載的知名人物，全是我在寫本書時，立即浮掠於腦海中，靈光閃過的風雲者。他們都是在某一領域中具有代表性，且是我們共同認為的頂尖者。

「頂尖」一詞，人們首先聯想到的大概是成績。事實上，教育專家的發現卻非如此！

例如科學界中的頂尖者，成績並非一流，甚至有許多佼佼者的分數堪稱末流：愛迪生、牛頓、瓦特、富蘭克林、愛因斯坦、小柴昌俊等，這些人在科學界有一定的貢獻，並改變部分科學史。他們絕不是依靠在校的傲人分數，而是實事求是、追尋夢想的歷程，承受比別人更多的失敗與質疑，卻不怕辛苦地朝著設定的路前進，最後排除萬難，獲得成就。

文化藝術界有更多這類的人，感性敵不過讀書考試所需要的理性，在感性與理性的衝突中，常是輸家，這可從他們在聯考中紛紛敗北、中箭倒地看得出來。

考試的李安當是失意者，成為出色導演前倍受試煉，他端過盤子、做過無業遊民，但夢想讓他不畏懼流言蜚語，向前找到出路。

李國修的「屏風表演班」劇碼精彩，擁有傲人成績，但他依舊在聯考中敗陣，三次大學聯考全折翼，最後進了世新，成為出色的表演者及劇場上的大師。

運動員也是考試的常敗將軍，這是非戰之過，他們根本不可能有太多時間在死背的知識中得到成效，可是這並不影響他們在運動競技場上的出色成就。王建民在大聯盟立足並不是因為書讀得好，而是球技好；姚明應該沒進過幾天學校，可是他的智商一流，英文一把罩，情緒管控得宜，身手傲視NBA。

這些你我公認的頂尖人物，想必都有一套屬於自己的不傳密碼，他們互不隸屬，各有差異，但都很高竿。頂尖一事，與耀眼的學歷並非完全有關，一定還有些祕而不宣的精彩條件等著發掘，千錘百鍊的祕方註定使這些人成為翹楚，演活人生。

頂尖的定義，是該有所更改了。事實上，很多名人早有不同於以往的想法：

●包非說：成功者的思想有如一把鋼，朝向單純的一點。
他指的是專心一意的做事。
●孟德斯鳩則相信：一個人想要在這個世界裡成功，就必須表現得像呆子，實際上卻很聰明。
聽起來有點像大智若愚、或者愚公移山，一股腦的做事，不計成敗，堅持到底。
●海格爾斯頓則認為：努力不懈的人，會在失敗的地方獲得成功。
這話彷彿是青年守則：「有恆為成功之本。」
●牛頓說：成功嘛，就是跌倒，爬起來。
多麼簡潔，告訴我們一個好平凡的邏輯，就是：不怕失敗。
●莎士比亞說：任何告訴別人「成敗在天」的人都是在胡說。
他的意思我懂，講的是「謀事在人」。
我因而坐在電腦前，敲下鍵盤，找了無數筆資料，意外發現哲人心中的幾件事。
一、沒人相信，會讀書的人一定會成功。
二、少有哲人認為成功與學校有關；沒有人說過，要成功請讀哈佛。

三、少有名人強調，成功是因為自己很聰明。哲人都不相信天才，其中以物理學家愛因斯坦說得最露骨：「天分的名字就叫刻苦。」

四、沒人相信，成功來自一場意外的邂逅與一種偶然。反而更多人承認盧梭的論述：**成功的祕訣是朝著既定的目標，不回頭地往前進。**

我整理出一套科舉族譜，書中所列舉的狀元郎，都曾是十年寒窗苦讀的標竿人物，可是歷史春秋中的狀元郎，值得一書的竟不多。我讀了不少千秋大書，不得不承認絕大多數的狀元我都識不得，真令人汗顏；記得的少數幾位，如文天祥、柳公權、翁同龢、馮京等，卻不是因為文章千古事，寫得有多好。像文天祥是因公忠體國，寫篇《正氣歌》因而殉國，流傳後世；柳公權則因書法了得；翁同龢身為光緒帝的老師，夜訪康有為的骨氣被我烙印下來；馮京就有點扯了，只因一句「錯把馮京當馬涼」，讓我記得他。

作品極好的作者，被我記得牢牢、不敢或忘的，如曹雪芹、吳敬梓、徐霞客、李時珍……等，反而是落第書生。這就怪了——考不好的，很厲害；考得好的，不怎麼靈光，這一點可得好好想一想咧。

學出能力才是人才

一技在身，隨處容身；習百藝者，無處安身。
教育並非全數無用，但若學不會本事就真的很無用了。

林太乙女士所寫的《林家次女》（九歌出版）一書，出版年代久遠，我約莫在十多年前讀過，許是時間消磨，文字漫漫，記得不清不楚了，借由重整書房的機會，從封凍的書堆中，撥了撥煙塵，找著它的身影，再次燈下展讀。

林太乙先生的父親林語堂是鼎鼎大名的文學家，也是很有分量的學者，卻對讀書一事有著與眾不同的見解。他引證杜威的想法：讀書是一種冒險。法朗斯則說：**讀書是一種靈魂的壯遊，隨時可以發現名山大川、古蹟名勝、森林幽谷、奇花異卉。如果做不了這一點，就做不到最好的，讀書就是苦役，旨趣全無。**

林語堂先生建議林太乙，不用讀大學，因爲他已看清眼前的女兒早具備大學四年該學的東西，不必浪費時間。

這使我想起一位紐西蘭友人。紐國並不勉強孩子讀大學，多數人高中畢業就謀職，這對我們學歷普遍已快速提升到研究所的國度而言，簡直不可思議，認爲不讀書怎麼可能有競爭力？

在紐西蘭的想法正好相反。他們覺得早早就能習得本事的人方是有能力之人，該學會而不會的人才需要再花四年寒窗苦讀。這道理也許聽來弔詭，卻是有理的：人生只有短短八、九十年，學習一件足以自理生活的事，理應不該花上二、三十年，這無非顯示我們愚蠢笨拙、或者逃避現實。

用盡光陰依舊一無所成、缺乏一技之長，可就令人汗顏，該想想自己是否用錯了方法？教育並非全數無用，但若學不會本事就眞的很無用了。這些年來，我們反覆見到許多人爲了一張叫做「文憑」的紙，虛擲數年功夫；宛如拼圖，把光陰一分一秒地拼湊上去，直到最後一片，就是「畢業」，眞是笑話。

求學越來越像菜市場裡的菜販叫賣，中文一斤七元，英文一斤五塊六，數學一斤九元，化學三元，物理五塊七毛錢……論斤計兩，只要繳交學費、花費時間，就可以得到博士學位的嘉許。

我突兀地想及吳敬梓章回小說《儒林外史》中的「范進中舉」，把書呆子諷刺得淋漓盡致。范進中秀才時，岳父胡屠戶依舊瞧不起他，認爲是主考官同情的，沒什麼好炫耀；范進想再考鄉試，借點盤纏，卻被老丈人臭罵一頓，怎料到此次果眞中舉，敲鑼打鼓報喜的隊伍來到，他卻因而得了個喜瘋。文章讓人看了揪心咧，事實上，范進中舉的情節依舊層出不窮，時而發生。

如果因而論斷教育眞的無用？那也有欠公允，無用的反向是有用，它們是一體兩面的，當教育的意義一再被輕蔑的同時，教育的有用論更値得一提。怪不得有人如此玩笑：沒有學問得靠學歷，沒有學歷就靠運氣。

英國的兩句俗諺，此刻讀來就更有意思：

一技在身，隨處容身；

習百藝者，無處安身。

魔法一：不可取代

尋夢者的路是崎嶇不平的，難得有一處順暢平坦；大人們要看懂這一點，並容許孩子在人生中跌跌撞撞，叮囑他們「要做就做到最好」即可。

即使是彈丸之地的台灣，標竿人物仍隨處可見，以下就深談這些我所敬佩的人物。

林懷民——無一日不與舞為伍

林懷民老師當是其一，他的雲門舞集震驚世界，口碑可不是我說的，是他累積多年的成果，只要進到搜尋引擎，就能找到一百三十六萬筆關於他的資料。如此精彩的人，並非是用「學歷」或是「會讀書」幾個字可形容，只要看過表演，見過揮汗排練的情景，就可明白今日的努力是昨日汗水的結晶，台上的一分鐘，台下是十年功。

林懷民老師從小就展現才華，十四歲發表小說，二十二歲出版《蟬》，是六、七十年代文壇矚目的作家。大學聯考考得不錯，他進入政大新聞系，留美期間，一面攻讀學位，一面研習現代舞，一九七二年取得愛荷華大學英文系小說創作班的藝術碩士學位。

依他的資質，要取得博士並不困難，何以放棄學位成爲終生的舞蹈追夢者，値得一書。從林老師創立雲門，到我執筆寫下這一段文字爲止，至少有三十六年了，表示這些年來，他無一日不與舞爲伍。

雲門在台灣演遍城鄉，屢屢造成轟動，出國做職業性演出，佳評如湧。《紐約時報》首席舞評家安娜·吉辛珂夫表示：「林懷民輝煌成功地融合東西舞蹈技巧與劇場觀念。」德國權威舞評家約翰·史密特讚賞：「林懷民的中國題材舞作，與歐美現代舞最佳作品相互爭輝。」香港《英文南華早報》宣稱：「林懷民是亞洲的巨人……二十世紀的偉大編舞家之一。」《柏林晨報》則認爲他是「亞洲最重要的編舞家」。

林懷民獲獎無數，其中包括「台灣國家文藝獎」、「吳三連文藝獎」、世界十大傑出青年、紐約市政府文化局「終生成就獎」、香港演藝學院榮譽院士，並獲頒有亞洲諾貝爾獎之稱的「麥格塞塞獎」（Ramon Magsaysay Award），二〇〇〇年《國際芭蕾雜誌》亦將他列爲「年度人物」。

「寒食」、「白蛇傳」、「薪傳」、「廖添丁」、「紅樓夢」、「夢土」、「春之祭禮·台北一九八四」、「小鼓手」、「我的鄉愁，我的歌」、「明牌與換裝」、「射日」、「九歌」、「流浪者之歌」、「家族合唱」、「水月」、「焚松」、「年輕」等六十餘齣舞作，全部膾炙人口。我最喜歡「行草」與「竹舞」。

林懷民是「無可取代的人物」，而這個封號來自堅持、執著和創新等。

李安——電影佔了人生三分之一

李安在華人電影界的成就也是無可取代。電影「臥虎藏龍」印象猶深，彷彿一部人生哲學史，他用自己的視覺展示對人生的解構，拍得絲絲入扣。如果純用電影觀點來欣賞李安是不夠的，那是哲學，有著知識分子濃濃的義理藏在他的作品之中。《斷背山》、《推手》、《色·戒》、《胡士托風波》等，皆有其哲學的深度意圖。他的電影哲學絕非憑空捏造，據說他可是下過功夫。

高中時經常蹺課到二輪電影院，大學二度落榜的他，陰錯陽差發現最愛的是電影，因而進入國立藝專，從此改變人生，成為電影界的泰斗。我很難想像學者李安、物理系教授李安，但很容易想像導演李安；一位出色的人物，若演出不同的角色大概就不出色了，因爲無論何種角色，都得付出一番心力，方可從中得到小小的成就。從一九七九年進入伊利諾大學香檳分校攻讀戲劇算起，電影之於他也有三十年的光景了，這可不是一條短路，而是人生的三分之一，長得很。

他的電影中有著濃濃的人生反思與禪意，這些文化底蘊很難被取代。

李國修——一輩子只做好一件事

李國修是個特別的人，早年求學不算順利，三次聯考落榜，最後落腳世新。如果硬要由傳統的學習方式進入學院，成爲作育英才的教授幾乎不可能；可是他轉了一個彎，由戲劇切入，加入「蘭陵劇坊」，我接觸的第一次表演就是他參與演出且在當年極其轟動的《荷珠新配》。後來他創辦了「屏風表演班」，一個轉身成爲台北藝術大學的兼任副教授。

他非讀書的常勝軍，但是在劇作與表演上，卻難有出其右者。舞台編導作品有三十餘齣，包括《三人行不行》系列、《半里長城》、《莎姆雷特》、《西出陽關》、《京戲啓示錄》等。李國修不但身兼編劇、導演，也經常參與舞台劇演出。

他在《西出陽關》一劇中飾演「老齊」一角，被台灣媒體評為「最具卓別林高度的演出」。他的座右銘爲：「**人，一輩子能做好一件事情就功德圓滿了。**」

吳炫三——獨樹一幟的吳式風格

吳炫三老師的畫作風格詭異，有著濃濃的原始風，一眼就可辨出是他的創作，而他對教育也有其一貫而有意思的想法。他的女兒留學美國，他建議女兒別太在意學位，記得要玩，多認識當地的風土民情。

處在一個人人汲汲營營於學歷，四處都有人想與你比較是從哪間學校畢業的社會，吳炫三老師堪稱異類。他一向認爲沒有能力的學歷是假的，是僞裝的騙術，一種自欺欺人的法術。而他自己早年從師大美術系畢業後，就是以遊學的形式去了西班牙與紐約，之後單獨闖蕩非洲、中南美洲、北極、大洋洲等地的蠻荒地區旅遊寫生，畫出了吳式風格。

馬友友——非音樂系畢業的音樂大師

馬友友的學歷很特別，哈佛大學人類學系畢業，看來如果繼續學業，應該不會是我們現在熟悉的馬友友，也許是學者馬友友或者路人馬友友，根本不可能是勇奪多座葛萊美獎的大提琴大師了。

馬友友替李安的《臥虎藏龍》配樂，也爲布萊德彼特主演的《西藏七年情》配樂。我很難想像人類學家馬友友的樣貌，如果不是音樂家，我想可以確定的是，他不可能爲世人所知，成爲一位優秀的音樂傳聲者，把美好的樂章透過躍動的音符，在大衆劇院演奏給升斗小民聆聽。

也許人類學並非他的劣勢，但起碼不是優勢；凡人很難用自己不是最優勢的一面展露才華，不是嗎？

張曼娟——找到優勢與自己的天空

我曾不只一次被讀者問起，讀中文系有前途嗎？這件事應該問問張曼娟老師，由她回答最合理貼切。

也許她會說，那要看你學得如何？是通透還是半調子囉。

早年的曼娟以小說聞名，《海水正藍》一書像潮水般襲捲了年輕人的心靈，「張曼娟」三個字，從此在當代華文文學世界中成爲閃亮的名字。介於大衆與嚴肅文學的「中間文學」，張曼娟絕對是領航的代表。

而今獨領風騷的張曼娟，求學之路也非一帆風順。讀了五專部的世新，再插班進了東吳中文系，從中文的世界裡她找到了優勢與自己的天空，從此不再飄泊；不僅成了絕色的作家，也成爲一位傳授文學的教授，同時是我認識的作家中，最具質感、一直保有獨特魅力的人物之一，我一直非常欣賞她的作品。

她的作品《喜歡》，經典文學普及化的《愛情，詩流域》、《時光詞場》、《人間好時節》，飲食散文集《黃魚聽雷》、《柔軟的神殿》，一直是我的案頭書，我還替兒女買了一套《張曼娟小學堂》，這些在在顯示曼娟在文壇上難以抹滅的位置。我同樣很難想像文學的張曼娟，若化身科學家會是何種樣貌。

尋夢者的路事實上是崎嶇不平的，難得有一處順暢平坦；這一點大人們得要看懂，並且容許孩子在人生中跌跌撞撞，叮嚀他們「要做就做到最好」即可。

頂尖密碼

秀出自己的價值

寒流來襲的某一天，販售珠寶的友人來訪，帶來幾則活生生的例子。他具有設計才華，雖沒有高人一等的學歷，卻有靈活百變的創思，實屬厲害之人。

他替我點化兩個盲點——

● **興趣遠比學歷重要：**他在鬧區開了一家店，員工不以學歷為憑，而是興趣；他打破傳統的任用方式，只問喜歡嗎？何以喜歡？大約就明白是否可用了。這種取才方式神準，不喜歡的人絕對做不久、做不來；更重要的是做不好，不會有巧思，只能賺到珠寶黃金的差價，不可能善用腦力得到創意費用。

● **創意才是一切：**珠寶業競爭激烈，早非以前的暴利行業，很多店必須含淚拋售，血本無歸。可是美物除外，經濟再不景氣還是有買家，重點在於美不勝收。以珠寶來說，關鍵就是設計。

配件在珠寶界有一定行情，可是同樣的配件，若具備不同的設計，價錢就有天壤之別了。

跳蚤市場躺著一顆有如天眼的瑪瑙石，一圈圈深沈的紋路，細膩勾勒，從某個角度審視神似鷹眼，他以五十元購得，連夜巧手打磨，售得三千元，關鍵就在於美的鑑賞力與巧妙設計。他以八萬元向同行取得翠玉，去蕪存菁，售得十七萬元。這兩個實例對我衝擊良久，這不是價錢，而是「價值」。

日夜苦讀，得的只是有形的價格；而巧思靈敏，才可以得到無形的價值。我們在價格上打轉一生，落得一個「苦」字；但一些人在價值上舉棋擺譜，卻很歡愉。

獨領風騷的珠寶設計師曾郁雯是著名文學家林文義的夫人，也是我的友人，設計的珠寶飾品令人驚艷與讚嘆。依我的身價行情，哎，只能心動不准行動。

她設計的珠寶，迷人處在於獨樹一幟、品味非凡，已是拍賣會場上力捧的美物。而她依靠的並非猶如天山雪蓮的典藏之物，而是腦中源源不絕的巧思，把平凡無奇的物品，化作巧奪天工。

我喜歡製作漂流木作品，化腐朽為神奇有一定的功力，靠的是巧思，而非撿拾到的木林，它們未必很有生命力，也不是名貴木頭，但巧思可以點石成金，真是妙哉。可惜我的漂流木作品只屬玩票性質，不敢賣高價，以友誼價售出，皆大歡喜。

能在一方沃土優遊自在，必屬厲害者，經典角色。**出將入相的當是頂尖人物，依靠的不是虛假的一張證明，而是真實本事，有自己的味道**。

魔法二：下過苦功

勤學是求取專業的方式之一。頂尖者對下苦功一事毫無例外，少則十年十五年，長則二十年三十年，甚或一輩子，方擁一片天。

雨果說：**上天給一個人困難時，同時也給他智慧**。

頂尖不可能只靠天分！因爲有天分的人絕不可能只有一人，有十人、百人，甚至可能有千萬人，爲何其中有人得以一枝獨秀？

霍加斯這麼說：**最大的才幹，就是勤勉**。

梅蘭芳——苦功成就一派梅門

京劇名伶梅蘭芳堪稱一代宗師，登台時盛況空前，赴美演出造成轟動。他的成就並非與生俱來，而是出自勤勉。

梅先生一生致力於京劇表演，肯定花不少功夫在練習身段，但不爲人知的是，他什麼戲都看，並且花時間鑽研，從中吸取其他門派的精華，學習改良，給了京劇醍醐灌頂的新元素。他的苦功下得值得，成就了一派梅門，吳興國、郭小莊大約也都屬於這類人物。

姚明——下苦功努力不懈

籃球大帝麥可．喬丹的成功座右銘是「苦練、苦練與苦練」。聽說他天天投籃超過上千次，他有一分天分，但保證九十九分全是努力。身高二二八公分的籃球巨星姚明，頂尖並非來自高大身材，而是努力不懈的歷程。他是天才球員，但下苦功才是成就的關鍵，隊友練一小時，他自動加練一小時，原本天分就優於他人的偉大球員，卻比我們更勤奮刻苦，就更令人懼怕了。

受傷後的姚明，有人猜測他將退出NBA，但看來是不可能的。眼看腿還打著石膏，這位巨星卻已迫不及待地坐在椅子上開始練球，每天至少投出數百球，保持球感與肌耐力。這種自主訓練的精神，據說已持續很多年，除非我們比他更努力，否則想超越這樣的人，很有難度。

他在籃球天地裡算不上最有天分，卻是數一數二的努力者，因而有了一方沃土。具有籃球天分的人不止一個，但與他一樣刻苦耐勞的人並不多。

羅曼菲——一萬個五分鐘的練習

舞蹈家羅曼菲，令人印象深刻。她的舞作中，曾有一段長達五分鐘的獨舞，雖然並不長，可是當我嘗試她旋轉獨舞的形式時，便知不容易了。舞台上的旋轉五分鐘，是一百個、一千個，甚或一萬個五分鐘練習集合而成的。失敗重來，重來再失敗，再度重來，終於成就驚天一旋。

舞蹈家風光在台上，辛苦卻在排演場，一次又一次，單調且反覆地做著同一動作、走同一位置。做得不如意，再做一次；做得不錯的，還要更好。日復一日，直到表演完畢的那一天。

加州大學專業人員——二十三年的千錘百鍊

加州大學中薪水最高的人不是校長，而是物理系吹製特殊儀器的專業人員。沒有人比他技藝高超，他專門提供高科技人員使用的研究器具，這項專業並非修習學位得來，而是千錘百鍊的結晶。

爲了完成科學家交代的實驗器材，他反覆再反覆地練習，失敗了重做，重做了又失敗，再重做，不知歷經多少失敗之後，才獲得成功。

從他的第一件作品，到成爲無可挑剔的專業人員，一共花了二十三年。

王建民——手瘦腳麻，持續下功夫

王建民形容他的大聯盟之旅是場孤獨的旅程，這種說法一點也不誇張。我小時候當過投手，明白成爲一位優秀的投手有多困難。出場比賽前，要花更多時間練球，一顆顆投出去，一粒粒落在捕手手套中，直到手瘦腳麻，教練喊停才罷手。登板獨當一面已是多年後的事，打出名堂所花的精力就更多了，登上大聯盟更是難上加難，沒有持續下功夫，即使登場了依然有可能馬上退場。

李保田與焦晃——勤於閱讀，做到飽和美

劉子鳳書寫的《觀自在》（聯合文學出版）一書，記錄大明星的小故事，書中曾介紹因演出紀曉嵐、劉羅鍋等角色而火紅於大陸的國寶級藝人李保田，他的人生哲學與生活態度。一簞食、一瓢飲的人格節操使其立於不敗，爲了演出歷史人物，他勤於閱讀，琴棋書畫皆通，以期讓角色演得更爲鮮活。

演出《康熙王朝》與《乾隆王朝》等歷史名劇走紅的另一位大陸國寶藝人焦晃，他的致勝之道則是勤做功課。演乾隆時，他曾把自己關在賓館內八

個月，苦讀《乾隆一日》、《乾隆傳》、《乾隆與和珅》等輝煌巨著，務必使自己看來「很乾隆」，每每頭疼欲裂、難以成眠。他則希望自己的演出是「飽和美」，亦即做到最好。

潘迎紫與甄子丹——吃苦，用功再用功

《一代女皇武則天》潘迎紫，談起當年的拍片經驗，眞是心頭一酸，別人只看見風光的表面，而眞正的表演者，其實都很辛苦。唯美的凌空飛翔畫面，是用吊鋼絲的風險與痛楚換來，她不相信有大牌演員，但相信好演員一定要吃得了苦。

武俠明星甄子丹在《葉問》中扮演武俠大師，緊扣人心；之後續演《十月圍城》，也獲得喝采。爲更了解劇裡人物的心理特質，他找來許多近代史與表演藝術的著作；瑣事太多唸不完，還請助理讀給他聽，用心揣摩理解，用功程度可想而知。原來在戲劇背後有這麼多深刻的學問，很不簡單。

怪不得硬底子演員顧寶明說：「**求智慧不成，求專業吧。**」

勤學是求取專業的方式之一。聖嚴師父的弟子果賢法師就說道，聖嚴師

父並非絕頂聰明之人，卻是一個非常勤奮的人，他的成就與勤學有著密不可分的關聯。

「愛讀書」與「會讀書」，非常不同。**愛讀書者得的是學問，會讀書者得的是學歷。愛讀書的人相信開卷有益，手不釋卷，終有一天能讀出名堂；會讀書的人拿到學歷就多半不讀了，半途而廢。**

他們使我突兀地想及宋太宗的開卷有益。這個皇帝愛書如痴，編了一部規模宏大的分類百科全書——《太平總類》，史上留名，太平興國三年（西元九七七年）起始，成於八年（西元九八五年）。

全書有一千卷，五十五門類，引書浩博。太宗對此書的編輯極爲重視，每天都親自閱讀三卷，有時因國事繁忙來不及閱讀，即擇日補上。大臣勸他少看些，以免過度勞神，太宗回答：「開卷有益，朕不以爲勞。」大臣們紛紛仿效太宗，勤奮讀書，風氣盛行；連平常不怎麼讀書的宰相趙普，也孜孜不倦地閱讀《論語》，因此有了「半部論語治天下」之說。

頂尖者對下苦功一事根本毫無例外，少則十年、十五年，長則二十年、三十年，甚或一輩子，方擁一片天。

頂尖密碼

父母不會的，孩子才能自己會

據說林語堂最常用來對應兒女提問的方式之一，就是回答：「不知道。」

他認為，**唯有父母「不知道」，兒女才會「知道」。凡事知道的父母，與其說是知識的提供者，毋寧說是掠奪者。**頂多算是辭典、百科全書，一查就有答案。可惜這些全是別人給予的，孩子少了下功夫的歷程。

父母說不知道，但孩子必須知道，自己就得想辦法查書、查資料、上網。

電腦未必全然是壞處，如果引導孩子把它當成做學問的方策之一，就是好事。兒女為了養一隻我不熟悉的摺耳貓，我唯一的要求就是請他們上網把資料備齊，告訴我這種貓的特性，養育的方式，有何特點，是否好養。於是我知道這是一種聰明的貓，但具有先天性的遺傳問題，很會流眼油，且應該難以痊癒。

我真的很無知，因為我並非百科全書，無法上至天文下至地理了然於心。不知為不知，這樣就輕鬆多了，什麼都要裝知道，父母就難當了。

父母不會的，孩子才能自己會，否則全都仰賴父母，能會才怪。

這是小知識，但有大學問，不知真的比無所不知好多了。

古羅馬時代的哲學家西賽羅說：「**只要是人，就會犯錯，只有愚蠢者才會堅持不變地錯下去。**」

以前的你如果什麼都知，從今天起還是少知為妙了。

魔法三：專心一意

成功者幾乎都發現同樣的道理：他們之所以能夠演得絕色，完全因他們只演一個真實的自己，專心一意，不必浪費時間去雕飾。

一本兒童雜誌希望我在創刊號上題字，或者寫一則短文以茲慶賀，我突發奇想，寫了這篇《龜兔不賽跑》：

兔子邀我比賽跑步。

我苦惱極了。本來很想答應，這是個機會，可以擺脫我的慢速污名，可是，我能贏牠嗎？

課本說，兔子會睡著！

事實上，我很少看見跑步的兔子睡著了，萬一真的睡著了，也不是在跑步中，而是真的睡了。

兔子一直不死心，再度捎來一封信，要我擇日較量。

這一次，我毫不猶豫，一口回絕。

理由很單純，我是烏龜，以慢見長，這是我的特色，也是我的生存法則，我不跟兔子比快的。

倒是比慢？那就可以考慮考慮了。

當夜，我振筆疾書，寫了一封信給兔子先生，並且很快得到了回應。

牠以同樣的理由拒絕我的提議，並且語氣和緩的說道，我們還是各演各的吧，畢竟烏龜與兔子真的不同，何苦為難對方。

依據我的經驗，一輩子要演活一個自己都算滿難，這樣方可「全心全意」；演兩個自己就會「半心半意」；演三個自己會「三心兩意」；演四個自己，怎麼想都是「分明找死」。

可是我們依舊喜歡多才多藝，把人當成超人，期待孩子擁有十八般武藝，樣樣高強，無疑是痴人作夢，近乎不可能。

那些曾經資賦優異的孩子爲何中途夭折？許是使命太多，氣力放盡，到不了終點。

巴爾扎克就說：**即使是個有過人能力的人，一旦想兼做兩個人的事，他便很容易成為庸才了**。

楊釗在〈我的人生觀〉一文中寫道：一場戲要演得好，首先要選好角色，也就是適合自己的角色；其次是投入角色；再者就要演得像角色，演活它，然後能與其他成員配合。

所謂的選好角色，就是明白自己適合做什麼角色。**一般人只會挑自己喜歡演的，而不是適合演的，結果很多人都喜歡做主角，但往往又做不好，問題便出現了。**

「適合的角色」的意義在於，它看來就是「優點」。

大陸新演員童唯佳，從大陸上海戲劇學院畢業至今，一直熱愛自己選擇的表演事業。從一開始只是興趣，到逐漸的喜愛，及至如今對戲劇表演的熱愛，對於劇本和角色，童唯佳總是細心挑選，以期找到自己喜歡的。她最想演自己，因爲那是她靈動精彩的生命。

演活自己，是人生勝利的不二法門。成功者幾乎都發現同樣的道理，他們之所以能夠演得絕色，完全因他們只演一個眞實的自己，專心一意，不必浪費很多時間雕飾。

如果舞蹈家不演舞蹈家，音樂家不演音樂家，作家不演作家，喜歡烹飪的人不演米其林大師，演員不在舞台，冒險家不去海洋山峰，植物學家不能蒔花弄草……他們能演什麼？

畫家演作家，文學家寫太空移民論，演員去跑一百公尺，植物學家開畫展，即使他們都有這樣的天分，也應該不出色吧！我看過幾位作家的畫展，直覺以爲是騙小孩呀，怎麼能夠用自己的虛名去得利。

先前說過我喜歡玩玩燈，做做漂流木的作品，但並非此行專家，而是玩樂者。以致於在我的人文旅行講座中，帶了幾盞販售，讀者很捧場，賣是賣出去了，可是……只能賣到電線與電燈泡的價格了。

我同時問過幾位事業有成的人，在某個行業有其口碑者，他們異口同聲覺得自己的行業很好玩，一做數十年，更重要的是，並不厭倦。

最大的憑藉當是興趣。

諾貝爾物理學獎得主費曼說：「物理好好玩」，指的便是興趣。如果不是對物理有興趣，實驗室中待上十四小時便是酷刑；只有興趣可以使人轉苦爲樂，化悲爲喜，堅持以往。

興趣是捷徑，只有朝這個方向前進，工作才不是工作，人才不至於因為賺錢而淪為機器，樂在工作的期待才有可能成真。否則人生只爲了一個叫做工作的東西，做到累了、倦了、癱了、煩了，甚至死了，意義何在？

頂尖密碼

尋找失落的興趣

每個人都有優點與缺點，缺點最是無趣，優點則很有趣了。

因數學超強，一度使我誤以為自己該當數學家，最後才明白那是演算能力，頂多應付考試，卻沒有太多興致在定理公式中推敲。我真正的興趣在人文，我以前害怕的歷史與文學。

我錯過了契機，爾後慢慢重拾；也希望自己的孩子有美妙的興趣，不要一如大人的從前，失落在一些謬誤裡。

興趣一事至為重要，有興趣的工作使人歡欣，無趣的工作讓人厭煩，前者像人，後者似機器。

興趣是找得著的，大人可以幫幫忙——

● **看見興趣**：興趣必須被看見，才有延伸的空間，當一個孩子為某件事忙碌一上午、或者幾個小時，鐵定是有興趣的；無趣的事，孩子持續不了十分鐘。

●**認可興趣**：孩子的興趣未必是父母喜歡的金雞母，該怎麼辦？認可吧！那是孩子一生的幸福，他們的人生地圖必須由他們自己譜寫，我們難以置喙。

女兒喜歡設計與美學，兒子迷戀運動與生物科學。數學對女兒是酷刑，用手術刀在別人肚皮劃上一道不是她的本事；兒子可以當運動領域的專家，想讓他靜靜待在實驗室中暫時有困難。父母當有如此細膩的心思，體認最棒的行業並非最好的行業，好不好當由興趣決定。

●**給予掌聲**：「做什麼都好」才是我的信念，不可用金錢做為評斷優劣的條件。興趣最怕噓聲，最愛掌聲，逼著他一輩子做一件不喜歡的事，這樣的人即使賺到了錢，也會輸了人生。

魔法四：創造腦力經濟

教育真正的意圖應該不止教出一位孜孜不倦者，而是化身成諸葛孔明，站在高處，羽扇綸巾、運籌帷幄，動動腦利潤便從天而降。

《天下遠見》雜誌有一期令人印象深刻的專刊——「勞力經濟」與「腦力經濟」。

窮經皓首取得一份像樣的學歷，猜想非得費時二、三十年不可吧，但往往只落得再次的競逐，萬人錄一取得職缺，得到月薪二萬多元的工作，這到底是幸或者不幸？

碩博士與高職生坐在同一間辦公室，做同類型的工作，領著相差無幾的薪水，心中是平或者不平？

自以為學有專精者，天天超時工作十二小時，加班熬夜，拖著疲憊的身軀，走在華燈初上的街頭，拉出一條長長的背影，這樣是專業或者不專業？

這些全是社會的縮影，不費吹灰之力就見著的實例，問題出在何處？名牌球鞋的創意人員應該可以回答這個難題。

式樣新穎的鞋子，如果不烙印名牌標誌，擺在地攤上大約只有三百元身價。我親眼見過銷售人員聲嘶力竭地叫賣品質不錯、耐磨耐穿的自製鞋，價格公道，可是生意不佳。但是同樣的鞋款，只要掛上商標，身價便三級跳，三千不嫌貴，打八折，就有人瘋狂搶購，急著掏出白花花的銀子，這就是名牌效應。

創意的魔力無所不在，只要行銷人員開會，找來代言人，保證身價再翻兩倍；鞋款稍做修飾，加一組氣墊，就能飆漲到九千元；限量鞋款則有一萬二千元的身價。這些不同價格的鞋子，有可能是同一雙、或者是同品質的鞋款，只因廣告的形式不同，便有不同價格。

來想想一種情況：代工廠的勞工，只能在生產線上得到蠅頭小利，如果他的孩子想買一雙經由他的手所縫製成的名牌鞋，他也許得把手皮磨破，做了六百雙，方可換得一雙。

名牌鞋的行銷手腕是腦力經濟，一般人得賣力使用勞力經濟來換。

同樣的道理也發生在知名品牌的皮包上。售價二十萬元的包包，成本並不高，價值在於廣告費用與品牌效益的加乘。當醒目的標誌拆下，擺在跳蚤市場，也許連五百元都嫌貴。

早茶已成了我的習慣，清晨，天光微亮，取出坪林包種茶，泡出一股香氣溢流，熱氣在手心揉搓，慢飲而下，形成一道暖流，在冬天寒流來襲時，更顯浪漫，它是我從一家熟悉的茶農平價購得的。懂得行銷的企業，茶的價格就貴了，他們添得文化，有了附加價值，從文案、罐子、行銷，統統兼具內裡，身價也就翻了幾倍。

品牌是人想出來的，可是想出品牌的人常常不是我們，這就令人疑惑了。

移居大陸多年的著名設計師登琨艷，是漢寶德的入室弟子，高中畢業的他憑著腦中的創意，在上海闖出名堂，成功改造許多老建築，在大陸累積不小的知名度。他同樣憂心台灣的創意，如果不及時打進國際舞台，將面臨消失的命運。他覺得上海的創意不及台灣，但重視創意的程度卻遠是我們所不及的；他在上海的第一年，就有幾十個國際媒體盯著他看，可是在台北卻無人搭理。創意的重要性，登琨艷非常清楚，他所依靠的不是傳統價值觀認定的學歷，而是能使人驚艷的創意。

什麼是勞力經濟？什麼是腦力經濟？如此便知分曉了。

教育眞正的意圖應該不止教出一位孜孜不倦者，而是化身成諸葛孔明，

站在高處，羽扇綸巾、運籌帷幄，只要動動腦利潤便從天而降；而非死命的做、勞苦的求，加時工作，才得到一點點小獲利。勞力經濟頂多賺到錢，卻因而賠上健康，得不償失，人會因而落空，生活沒品質，像個奴僕，終其一生可憐兮兮。

日本的趨勢大師大前研一，也是大力主張腦力經濟的人。他遊山玩水找靈感，投資報酬率遠遠大過勞力經濟，一舉數得。

研究得出一個有趣的結果：成功者在學校的表現都非名列前茅，而是集中於六至十五、二十名者。這個數據非常值得參考，想想以前班上的第一名，似乎應驗了這個結果。第一名者有些已不再是第一名，有些繼續第一名，但只在他的工作領域中化身一位小人物，沒有任何傑出表現，依舊朝九晚五，過著埋怨、喊累、叫苦的歲月，連最簡單的優雅生活都求之難得。

規矩的第一名常常創造惱人的勞力經濟；只有那些鬼靈精，不死背、愛玩樂的人，才有發展腦力經濟的可能性。

嚴格說來，台灣的創意眞的不差，我多次利用假日到台北華山藝文中心欣賞行銷創意展，這些展品光鮮、好看、實用，參觀的人潮卻很少，實在可惜。當創意養活不了自己，半途而廢便是唯一之途；我們欠缺的是創意的實踐與平台，以及對創意的行銷與尊重。

頂尖密碼

捕捉孩子的創意

創意人的特質之一是想問、愛問、會問，凡事都留點空間，不把它鎖死。

創意可以培養，只要父母做到下列幾件事——

●**有雅量**：接受孩子的神思妙想很重要，沒有雅量包容孩子的胡說八道，就不可能有創意孩子的出現。別忘了，愈有創意的人，想法愈是千奇百怪，令人難以接受。

●**擁有第三隻眼**：所謂第三隻眼，便是知道孩子好在哪裡。孩子各有各的優點，或許你能接受，但要說出孩子好在哪裡便難了，這正是父母的功課：用你的第三隻眼觀察，明白孩子的好。記得告訴他：「你的想法很特別。」「我怎麼都沒想到？」「怎麼辦到的！」「真是厲害！」「太精彩了！」

●**很幽默**：心理學家說，父母有幽默，孩子有智慧；我喜歡這種說法。父母愈是幽默，愈能給孩子以身作則的示範，凡事會從另一種角度思考，常常給人意想不到的答案，或能化腐朽為神奇。

● **長耳朵**：父母習慣只說不聽，但是創意父母必須只聽不說，把耳朵拉長一點，再拉長一點，聽聽孩子的奇思妙想。

● **暫緩下判斷**：即使對孩子的說法，真的有一百個不同意，你也應該「暫緩下判斷」，讓孩子慢慢修正自己的想法。

最後請切記創意的四大問句，多問孩子：

為什麼？

怎麼辦？

接下來呢？

還有沒有？

魔法五：豐富的經驗

生活歷練是課本提供不來的。有一天這些不凡的經驗，肯定可以化成優雅的智慧，在人生中譜寫美好的方程式。

莎士比亞說：**經驗是用無限代價買回來的寶石**。

我能寫作，童年經驗的確幫了大忙。如果在我的潛意識中沒有早早埋入這些人生素材，就不可能在有一天當我要提取時，便源源不絕冒了出來，讓我任意堆疊，成爲一本本帶著神思妙想的作品。

我的少年科幻小說《氣泡人》（新手父母出版），揉搓了太多關於自身的經驗在內，場景宛如我從宜蘭員山的老家出發，經過大湖，上溯圳頭，挺進雙連埤，終至福山植物園的驚險歷程。我巧妙地利用小說形式，加以冒險的精神與環保的意念，成爲一本合適孩子閱讀、有意義的小說。

《爺爺的神祕閣樓》（九歌出版），同樣具有童年的豐富身影，這個歷程在我的寫作世界裡埋下創意的種籽。與其說，這些書的主題是環保，不如說我在懷念一個青山綠水的童年。

經驗是泉！

即使記者問了我五次以上關於寫作的祕訣，我依舊相信，童年給予最多的活水源頭，沒有它，就很難有現在的一切。

德國的環保生態專家點出一項有趣的推論：沒有爬過樹的人絕對不會愛樹；指的應該也是經驗吧。

我爬過樹，而且在樹洞中躲過爸爸的「竹子餐」；災難臨頭，逢凶化吉，樹成了我的伙伴，也是避難之所，成了我三本少年科幻小說的場景之一。尤其是最新的創作《一張紙的神祕旅程》（香港青桐社出版），青綠的樹更躍升爲主角。

歐洲的哲人相信，**智慧一事，來自經驗與閱歷**。

我也這麼信仰了。

不凡的生活經驗的確提供我汩汩不停的元素，像湧泉一般冒出來，利用文字舉棋擺譜，書寫在白紙黑字之間，成就一本好書。

我的閱讀經驗與一些作家友人大不相同，算是經驗閱讀。我讀了一本巨大的書，它是大自然，作者叫無名氏，書名是「無字天書」。我自己思、自己想、自己去勾串，神思妙意之間添了樂趣。我常常在農忙之餘，呆立在水田中央，醉臥自編的小說中，事實上，我讀的是沒有文字紙本的作品，悉數是瞎想的。

紙本閱讀不是我的童年經驗，我家沒錢訂報紙，也沒有兒童週刊，更不可能花一大筆錢買諾貝爾文學獎選集，難有機緣在《基度山恩仇記》、《茶花女》、《蒼蠅王》、《老人與海》、《大地》之間徘徊。我的大量閱讀，是在這些人生經驗俱足之後才開始的。

經驗一事很妙，它提供了一套篩選機制，查驗出該讀與不必讀的。讀來於我心有戚戚焉，該讀；讀了三十頁還不知所云，就暫置一旁，等待下一個因緣，如果沒緣，就送人了。

排行榜上的書單非我的閱讀族類，我自有一套標準，至少喜樂是前提，最好讀了使人會心一笑，甚至扭轉人生哲學。書房中橫豎躺了幾本「語錄式」的書，讀來深有啓思；隱約發現一句發人深省的話，都是作者一長串人生經驗的匯集，經由三年、十年、二十年的累積，對於某件事、某種事理有了很深刻的反射，這可不是死讀書的人可以開悟的。

以往評審文學獎時還有點心虛，深怕一出口就露了餡，讓人知道原來我沒有讀上幾本「文學名著」；而今不怕了，因爲我讀了更多上帝書寫的人生傑作，這些經驗往往不在文字中，而在心靈裡。

近距離觀察女兒，發現課本內讀得不怎樣的她，課本外卻讀得還不錯。寒暑假到國際書展打工，我忐忑難安，深怕搞垮書攤，近距離偷偷視察，發現她應對進退合宜，人緣不錯，大家還滿挺她。幾天下來工作有效率，還得了另一個邀約，希望下一回成爲特展主持人。

主持人？

的確是，高中三年她很活躍，當過班聯會副會長、熱音社主唱，一直鬧不下來，副業提供她撐場面的經驗，大場面見過不少，看來沒在怕，這些人生歷練課本提供不來，也許可以給未來添一點不凡的緣起。

巴特瑞克．亨利這樣寫道：**「我只有一座燈籠引領我的步伐，它叫做經驗。」**

書本教常識。

生活教知識。

兩者合而為一叫做智慧。

常識與知識就是智慧了。

我家常有親子旅程，皇帝殿、筆架山在他們腳下延展成一線；南勢溪、北勢溪的河水潺潺，讓他們聽見智慧的聲音；他們在龍洞岬的淺海處宛若海中蛟龍，我們一起單車漫遊，散步閒行。

每年至少有兩趟親子旅行，再窮也要出去走走，他們因而邂逅吳哥窟諸佛、桂林奇景、陽朔桃花源、長城的雄偉、京都的古意……有一天，這些不凡的經驗，肯定可以化成優雅的智慧，在人生中譜寫美好的方程式。

頂尖密碼

上山下海長經驗

豐富孩子經驗的方式，別無他法，就是玩樂。讀書一事占據了人生更長的時間，這一點唯有想透、想通，方有藥救。書中自有顏如玉、書中自有黃金屋，在我看來自始至終都是一種騙局，不可能的事。書中只有文字，唯獨經驗可以把它化成知識。

以下四種方法可以增加經驗——

● **定期旅行**：這件事彷彿已成了我們的家規，每年總得選出兩趟共有的時間一起出遊，常往國外行走，這些年來改在國內閒晃，心想有很多地方全家尚未造訪，趁著兒女還可以使喚，就開步一起走了。

花蓮的太魯閣鬼斧神工，值得流連；台東的關山水道，單車浪漫行；龜山島的原始風情，應該登島一遊；太平山雲深霧濃，住上幾天曼妙不已。

●**泡湯浮潛**：夏冬兩季定期從事的戶外活動，兒女自小就與我同行，在熱湯與清澈海洋之中游移。這一代的孩子不像我們，出門就是田野山水，必須由我們來創造，藉以豐富他們的眼界。

●**閱聽藝文**：對於表演、畫展等文化投資我並不吝惜，幾乎所有到過台北的大型展演我們都去了，如畢卡索、莫內、樓蘭、兵馬俑、達文西、敦煌……無一錯過。這些經驗無與倫比，定會在孩子未來的人生中發酵。

●**傾聽天籟**：我們有時候什麼也沒做，就是上了頂樓，躺下來，在星月交輝的天地間，傾聽大自然的唧唧奏鳴曲，在蛙叫與蟲唱中度過一夜。

看似「無」的活動，事實上含藏著「有」的經歷，給孩子一個有意思的人生。

魔法六：胸懷遠見

有視野的人，不會隨波逐流。有自己的主見，拋開衆論，才能探索真相。比別人看得更遠，就有自己的位置了。

飛機在跑道上加速度，很快拉起機頭，慢慢攀升，穩定下來。我從機窗向外眺望，山巒起伏，海天一色，房屋如蟻，車子如豆。眼前寬闊，一覽無遺地看清所有事物，原來有高度就有視野。

我喜歡站著演講，而且一站就是兩、三小時，主辦人不捨，搬來椅子請我坐下來講，不！我習慣站著，這樣才有高度。忙裡偷閒的幾年，我迷上爬山，即便只是一座小小的郊山，站在峰頂上，都有登泰山而小天下的讚嘆。

「遠見」是頂尖者的必要，沒有一定的高度，就不可能添得與衆不同的視野。如果人人的視野皆同，何必有我。

頂尖的意義在此，有它的存在就有所不同。

遠流的老闆王榮文告訴我，一本書出版十年還沒有誰能跟得上，就是好書了。我將這句話當成座右銘，也朝這個方向前進。

王榮文給我一個全新的觀點，我猜他便是具有這樣的視野，才能領導出版界的遠流王朝。我把這樣的視野放在心上，開創書的格局，雖然他已老到忘了說過這句話，但我依舊記得，烙印極深。

書，眞的不是一堆文字，而是哲學，一種觀念，引領他人思索祕境的渠道。這樣的書對人才會有所助益，否則人云亦云便沒有價值了。

視野兼具深度與廣度

在詩的世界，很容易想到兩個人：一是余光中，二是鄭愁予。詩人衆多，但他們給人的印象最深刻，許是視野不凡。

余光中的詩澎湃洶湧，愁緒滿懷，周旋在歷史的氛圍中，讀了會痛，有如散文的魯迅。鄭愁予的詩快意酣暢，「你躂躂的馬蹄，是美麗的錯誤」，讓人難忘；即使一首〈飲酒金門行〉讓他寫來，也有俠義的味道：

> 飲者乃俠者之姿，
> 豪興起時，大口吞浪如鯨之嘯海，
> 當懷思遠人，就閉目坐定，

輕啜芳冽猶吻之沾唇……

我猜想他們不是詩寫得好，而是視野大，如人在飛，有了穿透力。

雷契（Zach）是一位肢障人士，在南加大與一群訪問學者一起工作，他不僅專注，而且很有收穫；他從不讓生理的限制侷促他的人生，保持樂觀比悲傷惋惜來得好，這樣才不致浪費生命。他在一篇訪談中說了一段意寓深遠的話：「我的生活因與一群聰慧、迷人的玩伴共享，更顯豐富。我喜歡被其他文化包圍，著迷於欣賞其他人如何詮釋這個世界，在同樣的事情中表現出不同的想法。當我與這些來自不同國家的學者一起工作時，我豐富自己的文化與視野。」

視野，一言難盡，大約含有深度與廣度之意吧。

蘋果電腦的發明人沃茲尼克曾來台灣爲新書宣傳，他在新作《科技頑童沃茲尼克》中，給了年輕人三個有意思的忠告：

● **人生是相對論，並不是非黑即白，灰色世界更可愛，很多發明是從中得來的**。有視野的人，不會隨波逐流。有自己的主見，拋開衆論，這樣才能探索眞相。

● **工程師不該只是賺錢機器，而是藝術家**。像一個堆積木的人，不斷地嘗試堆砌，疊出自己的城堡。

● **要有自己的意見，不要人云亦云。**最好獨自工作，有自己的視野，比別人看得更遠，就有自己的位置了。

沃茲尼克笑自己從小就離經叛道、特立獨行，滿腦子天馬行空，總喜歡自己試試看，他鼓勵年輕人用這種方式打造新人生。

當每個人都沈溺於牛頓的萬有引力時，愛因斯坦獨排衆議，認爲這個想法不可能放諸四海皆準，宇宙是相對的，不可能絕對，於是提出衆所矚目的相對論。這正是視野的問題，如果目光如豆，只看見眼前的事物，大約就不會是什麼大人物了。

父母是遠見的提供者

「遠見」的最好提供者是父母，我們有遠見，孩子必定也有遠見。我是個嘮叨的分享者，常會與孩子分享我對某些事件的獨特看法，無涉對與錯，就是一種高度而已。例如八八風災，我提到環保、談到森林，告訴孩子如果森林沒有人爲破壞，再大的風雨也不怎麼可怕的。

當節能減碳成爲一種新口號，我提出異議，告訴孩子最好的節能減碳方法，是讓城市還原爲森林，至少就可降溫五、六度了。不熱就不必開冷氣，功德必定無量。城市在短期內不可能成爲森林，我一併邀請孩子想一想，有何替代方案？

教育不是教孩子隨著時光流逝而變老，而是教他們長大。變老就是吃飽等死，日復一日做著同樣的事，一直到退休；長大的人，是人生有夢，懂得在不同的年紀做不同的事，織不一樣的夢，有著不同的高度與視野。這樣的人有如禪師、開悟者，怎麼可能沒有位置？

Part 2 一生受用的頂尖**品格**

頂尖早已非靠文憑，更多時候需要無形的品格。
犧牲奉獻、愛與關懷、設身處地、熱情有勁、
知足常樂、優質的價值觀、勇於冒險；
是父母一定要教給孩子的7種品格。

品格造就有意義的人生

一九九二年，「國際品格教育聯盟」邀集了心理學者、倫理學者、政界與教育界人士等各界菁英，取得了一致的結論，以作為二十一世紀現代公民應培養的基礎品格特質。

近二十年來，品格教育儼然成了世界各地教育的新思潮，歐美國家逐日加重比例，把人格特質當成取才的關鍵條件之一。自身經驗早讓我們體認到品格的重要性，發現無德的社會是霸道的基地，令人不悅的生活，已達到不得不改善的地步了。

這個社會令人不安，可從開車行為窺知端倪——開太慢會被咒罵，太小心則有人會閃大燈，多看一眼就惹得橫眉豎目者挑釁。

開車的人覺得開車最大，橫衝直撞不理行人；換了角色變身行人時，卻是行人最大，詛咒開車的為何不禮讓行人。騎機車的人討厭開車的，開車的人畏懼騎機車的，可是兩者也許常是同一人。

生病就診宛如坐大牢，連上學都很恐慌，旅行時有騙子隨侍在側，處心積慮想從他人的口袋挖出錢財。

友人告訴我，如果有人設計一套檢核道德與品格的量表，他的公司一定率先使用，並且依此作為取才標準。這些年來他上了多次文憑的大當，不僅不好用，有些還很失德；遲到是對的，早退理所當然，晚來有理由，晚退需加班費，世界他最大，老闆算什麼。

升遷以德為憑，待人和善、實事求是，有愛心、誠懇、具忠誠度，不怕苦、努力以對的老實人優先。

我是活生生的實例，求學過程中，非表現最優的，但長期以來受老師喜歡，被特別留意，多半是因我老實勤快，做事可靠，找我最是穩當。它成為我在功課之外最大的助力，至少我還受人歡迎。

事實上，這些特質之所以可用、堪用，得勢於父親的身教，發酵成了我的私人財富。關懷他人這件事，他做得最為徹底，是公認的好心人、善人，是窮人的希望。隨著年紀增長，我慢慢可以理解他的心思，效法他，讓身上少少的錢變得大大有用。

村子裡有兩位孤苦老人，年紀漸長慢慢失去謀生能力，坐吃山空，父親便成了他們最大的依靠以及糧食的來源。非親非故，父親卻待之如父母，噓寒問暖，送肉送菜，即使我家並不富有，有時米缸已空，他還是想盡辦法變出一袋米，載往同樣甕中缺米的老人家中。母親常因此與之爭執，父親卻不為所動，堅持自己的作為。他說我們年輕，忍一下就過了；老人家不成，一忍就掛點買單了。

這件事一直到兩老先後往生才結束，原先當成噩夢，而今才懂得那是大愛。財富歸屬這種人，人間就有愛；但若給了奸商，則有大噩。

我與父親一樣，都非有錢人，但一直在尋找有意義的事。

「奉茶亭」是他的人生大事，煞有其事的踩踏五公里到街上買下一斤上好的茶，徒步上山削竹，巧手編織一個看似美觀的小亭子，在往湖東、湖西與宜蘭之間的公路上，讓路過我家那滿臉是汗、疲憊不堪的旅人，添得一處歇息止渴的地帶。

雜貨店是我們維持一家數口生計的來源，店的收入至為重要，可是來採買的鄰居，多半欠帳，常常月底才還，窮一點，則年底結帳。補貨的資金便成了一個不能說的祕密，爸爸常常得向三嬸婆調現。

年底收帳是大工程，至少有一成收不回來的呆帳，除夕夜，爸爸一把火燒了，不催討。他相信收得回來的是自己的，收不回來的一定不是自己的，千金散盡未必還復來，可是他依舊過得開心。鋪橋造路是他的大願，反正錢是化緣得來，得花在最有意義的事情上。宜蘭風災多，斷橋斷路是常事，非雇工修繕不可，他很早就體會出一項哲學：公家不可靠，自力救濟方是上策。

助人的事，老爸一向是冠軍，三山國王廟牆上的奉獻者芳名錄，他長年掄元，捐款遙遙領先。他大言不慚地告訴我們，不是所有人都有能力做好事，那時聽來有些諷刺，一來他不是很有錢，二來那是我們餓著肚子換得，有何稀罕。而今想來，他是對的，至少給我們一套終生受用的禮物。

大道理他未必懂，但堅持兒女不可以當壞人，期待我們當好人、有用者、利於社會之人，而他親身示範傳授這樣的道理。「舉頭三尺有神明」、「人在做天在看」，是他常掛在嘴邊的兩句話，聽久了會煩，但也記得了，而今想起還真受用。《造就自己》的作者湯姆．莫里說：「**真正的成就是達成有意義的目標。**」我猜想這其中一定含藏著助人助己的觀念。

按照父親的理論，如果我是醫生，他會要求我當個好醫生。「醫生」與「好醫生」兩者在他的心中完全不同，前者只要學歷、證照就可以了，後者還得有良心。

他親眼見過見死不救、被錢蒙蔽的醫生，覺得這樣的醫生真不如垃圾。好的醫生叫做活菩薩，像地藏王一樣，地獄不空誓不為人，負責把奄奄一息的病人，從鬼門關搶救回來，讓家屬破涕為笑，這才是杏林春暖。少了品德的醫生遠遠比屠夫可怕，偽病歷、假開刀、亂開藥，病人猶如待宰羔羊，輕則財失，重則人亡。

父親當過保正、村長，風評極佳，保證正派；對照現代的政治人物，就不免有些唏噓了。他覺得眾望所歸的人，才能當頭，既然替眾人做事，就要公平、公正；這個標準彷彿太過巨大了，沒有幾位政治家可以辦到，因為選出來的多半是政客，住在「瘋人院」，行止很像晉惠帝，不知民瘼。

孔子在《論語．學而篇》中提及：「入則孝，出則弟，謹而信，汎愛衆，而親仁。行有餘力，則以學文。」

二千多年前的聖賢明白，讀書必須有但書，先學做人處事之道，才有資格讀書識字，成為有為之人。

頂尖早已非靠文憑，更多時候是需要無形的品格。而此篇所介紹的這些品格，就真的非教不可。

犧牲奉獻

犧牲奉獻者，有了錢會花得令人動容；
奸佞者，有了錢只會為非作歹，這就是差別之處了。

莎士比亞說：「**扶起弱者還是不夠的，未來還得支持他。**」

金錢的最大作用並非數量多少，而是「有用」。證嚴師父的財富是屬於眾人的，用來普渡眾生；建商的錢常常用來破壞森林，填溏造鎮，把綠帶化成存款簿中的數字，即使富可敵國的錢也無意義了。

犧牲奉獻者，有了錢會花得令人動容；奸佞者，有了錢只會爲非作歹，這就是差別之處了。

王傳璞先生是著名的攝影家，替作家拍了二百多部的影像記錄，按理說這是有價資產，可賣錢，至少很有文化價值，能成爲傳家寶物，但他無償捐給國家圖書館典藏。作家司馬中原在致詞時說，這是個愚不可及的行爲，但如果這個社會沒有這些痴人，很多東西就將消失不見。

大學聯考我選讀丙組，希望考上醫學院，感召我朝此路前行的人正是非洲之父史懷哲，未能如願考上醫學院就與之無關了。史懷哲的人生是一段有趣的歷程，他極富音樂天分，很早就會彈鋼琴，寫讚美詩，編寫和聲，並且彈奏管風琴。十八歲的史懷哲遠赴巴黎，追隨著名的管風琴泰斗魏多學琴，這個因緣很有趣，魏多教授一向只收音樂系學生，但史懷哲只彈奏了一首，便使他驚奇，立刻收作門徒，預料他必然會成爲一位偉大的藝術家。史懷哲後拜李斯特的高徒杜勞特曼學習鋼琴，這時他已是斯特拉斯堡尼古拉教堂的牧師，閒暇時研究音樂理論，並開始四處演奏管風琴音樂。

二十六歲取得哲學博士學位之前，他完全與醫學無關，因緣際會發現非洲這塊處女地，醫療貧乏，惻隱之心油然而生，進而投入研習醫學。三十八歲時，聽從來自內心的呼喚，史懷哲決定以一個牧師與醫生的身分進入非洲關懷生命。這樣的動機，促使他在非洲喀麥隆的蘭巴倫納從事醫療工作長達三十五年，可稱爲聖方濟第二。

諾貝爾和平獎得主德蕾莎修女，是我心中另一位犧牲奉獻者，她被譽爲「世界最偉大的乞丐」、「印度之星」與「活聖人」；她爲愛所做的奉獻與服務世界的偉大情操，令人擊節叫好。修女在貧民區辦了一所小學，身上只有兩元美金做爲基金，化無爲有，展開人生的救貧計畫。很多人受到修女的感召，捐錢、捐地，食物、物資依序到位，與修女一起奉獻心力的人越來越多，加入愛德工作。而修女開始被世人注意到的善行，是領回那些倒臥於水溝、垃圾堆旁奄奄一息的人，給予醫療與安慰，讓這些人得到應有的愛與尊嚴。

即使因而得了和平獎，她還是很謙虛，說自己不配；但若因爲這個獎而能幫助更多的窮人，得到特別的關注，她則很樂於受獎，而這份獎金毫無意外的被她捐出救濟貧病。德蕾莎修女，來時空空，去時空空，卻留給世界滿滿的愛。

我常告訴兒女，希望他們更有能力，多賺一點錢，因爲有很多人連一分一毫的錢都賺不到，我相信可以賺錢的人就是幸福的，希望他們有能力如此，幫助無力取得財富的人。**奉獻的精神非教不可，我善用每一次上帝賜予的機會**，在風災地震之後，**與兒女一起加入行善的行列，盡一己之力**。八八風災時，我鼓勵在高雄讀書的女兒，務必去幫助災民，別因爲讀書、工作、賺錢而遠離人群，忘了助人一事。

南海大海嘯，我們湊齊了一筆錢，捐給紅十字會。四川大地震，我們則捐出多筆錢到法鼓山、慈濟、佛光山。**善盡公民責任，懂得犧牲奉獻的人，必屬有用之人**。

頂尖密碼

頂尖者，必有「德」

《第六度文明》是我近年來的閱讀中，最感震撼的一本書，講述文明的緣起緣滅。作者論述指出文明至少有五次滅絕，而今是第六次，並已發展到足以再度毀滅的階段了，值得憂心。獅身人面獸以往是神話，是人的幻想、一種巧思，而今看來卻很像文明的一種歷程，當文明進步到足以超越上帝時，便慢慢走向覆亡。

科技，尤其是遺傳醫學，漸漸有能力明白人的組成與基因的定序，有辦法把人的牙齒長在老鼠的肚皮上，人頭豬身馬蹄的怪獸大約指日可待了。科學家如果少了人文的框架，很容易妄動，扮演上帝的角色，為害衆生，這些憂心其實已在考古資料上有所發現。

考古中有兩處鮮明證據。一處是大海中的古城，證實有一百萬年的歷史，是上一次文明的遺跡，如果屬實，歷史就要重新改寫，文明史也不再是五千年，而是一百萬年，或者那是上一輪迴的文明。一處是核子反應爐，有二億年了，如果考證屬實，絕對不屬於現在的文明，而是另類的文明，不在史書中記載的。

這兩次文明的殞滅，是否源自於太過文明了，一個操作就足以把世界夷為平地，顯示文明如果缺乏節制，當是可怕的。

同理可證，少了「德」的頂尖，自是非常駭人，這種情形理當越少越好。

綜觀歷史，策動毀滅的皆是聰明人，或者更具體的說，是有權勢的聰明人。漢朝並非毀於昏庸的皇帝，而是聰明的臣子；大宋的江山在秦檜與韓胄的手中奄奄一息；大明敗給吳三桂，而清朝在弄臣的手中變得更加不堪一擊。反而那些主張變法、企圖中興者，無一得利；商鞅的變法，范仲淹的革新，王安石的創見，康有為的維新，幾乎都因觸怒了既得利益，無一成功。

得利者非奸不成，但奸者必屬聰明者，太過聰慧，就會掩飾了良知，利慾薰心就是此意吧。

才華沒有問題，但「德」卻出了問題。

愛與關懷

每一種良好行為都是善行。援助盲人是善行，在路上移開一粒石頭是善行，給人水喝依舊是善行，這才是一個人真正該做的事。

華茲華斯的說法，讓人眼睛一亮：**一個好人一生最妙的部分，在於一個細小的、無名的、不被記憶的善行與愛心。**這也是我以爲一個頂尖者最美的德行。

有愛有關懷的好醫師——無國界的愛心

《送愛到天堂》一書，記載著壢新醫院到尼泊爾這處「距離天堂最近的地方」行醫助人的經歷，尼泊爾是個風景如畫的天堂國家，卻也是貧窮的國度，飽受疾病所苦，醫療資源嚴重匱乏。因爲愛而聽見呼喚，醫療人員組成義診團，遠渡重洋，前往位於尼泊爾南部的村落喬哥地義診，照顧村民的健康，這就是我心目中的好醫生。

亞洲大學董事長蔡長海也是醫生，主張「利他主義」，在充滿利己主義的社會氛圍中，這個想法變得非常特別。或許是承襲了「討海人」子弟吃苦耐勞的精神，他做每件事的態度都是全心投入、全力以赴；秉持著求知上進的進取心，以及鍥而不捨的企圖心，不管多麼困難，一旦設定目標，就會盡力完成，包括醫院的經營，心裡一直想著如何提供病人最好的環境。

「無國界醫療聯盟」是由一群心中有愛的醫生所組成的團體，他們不計利益的飛往陌生的國度行醫助人，多年前於賴比瑞亞進行第一次任務，便開啓這群愛心醫師的跨國界服務。愛與關懷，在跨越疆界的旅程中，編織了許許多多動人的故事。

郭台銘——將金錢化為大愛

企業家往往與奸商並列，可是未必人人都是紅頂商人，具有愛與關懷的慈善家仍舊比比皆是，郭台銘先生就是其中之一。他是頂尖者、有錢人，這點無庸置疑，但「善念」使之加分。

「永齡基金會」令我印象深刻，因爲中視「全民大講堂」的一場演講，與台東「希望小學」再續前緣，我有了一點小小的理解，得知永齡基金會是默默行善者。

金錢的意義本該如此，它是人賦予的，當作價值，就不會只有價格；當作錢，就不會是紙，而會有魔法，幻化無窮。無疑的，永齡基金會把錢化成大愛，讓一些偏遠山區的小朋友，有了福分。

一千萬元對某些富豪來說，僅是九牛一毛的小錢，但對於無力賺錢，三餐難以維繫的人而言，可是一筆天文數字，足以救活一個村落，織出一個希望，這大約也是郭台銘捐錢幫助大陸希望工程的初衷。

有人說，有錢出錢還不簡單，事實上並不簡單。有錢人常常把錢打了十八個結，只進不出；願意從很深的口袋中，把辛苦賺得的錢取出來助益社會，方是眞正的頂尖者，心中非有大愛不可的。

無私奉獻的教育者——永無止盡的使命感

前教育部長吳京也是頂尖者，很可惜他美妙的教育政策——技職教育的復興運動，胎死腹中。可是老兵不死，他仍把全部的心力移轉到大陸從事教育希望工程，眞是鞠躬盡瘁死而後矣，一直到他往生都在爲教育的事盡心盡力。

李家同老師、洪蘭老師、曾志朗前部長，幾乎有志一同做著同樣的事，也許走了殊途，但卻同歸，爲教育一事添得了使命感。林懷民老師的圓夢計畫讓人耳目一新，把自己獲獎所得的一筆錢捐出來，讓青年人提出申請，圓了人生大夢，吸引很多年輕人躍躍欲試，多位因而出國，走山開悟。

這些人、這些事全是愛與關懷的典範，圓夢的先行者。

愛要教，才知道怎麼用

愛要教，孩子長大之後，才懂得怎麼使用——

● **愛己**：不愛自己的人不可能愛別人，這是我的信念、信仰。我要求兒女一定得早睡早起，身體好了，自然有能耐助人；我自己以身作則，早早九點半就上床，早上五點鐘起身，一日之始，從暗黑開啓。

我愛吃早餐，也要求孩子一定得吃早餐，十點前要用畢，否則就是午餐了。不用早膳的人體力不佳、身體不好，缺乏工作效率；別說是工作，可能連演好自己都有困難吧。

● **愛人**：海地毫無預警的來了一場世紀大地震，死傷慘重，初估二十萬人罹難。可是遙遙千里，飛行兩地需要十四個鐘頭，我們幫不上太多忙，我提議兒女捐一點錢，順便與他們談論錢的意圖。

「**不要把錢變成物慾橫流的借貸、交換名牌的介質。**」是我的家訓，我明白這樣的人註定可憐。每一分錢都得來不易，所以要有意義；每一分財富，都必定付出一缸汗水，但真正的意義不在於擁有多少，而是讓它變得很好用。

一千元是錢，一百元也是錢，五元也是錢；它們沒有大小，只有心意。

我提醒兒女，一個領父母零用錢的人不可能是有錢人，不必捐出超過自己能力的愛心，「**適可而止，量力而為，來日方長**」，小人物不可能做太多，但很多小人物集合起來就可能做很多了，這叫積沙成塔。

懂得關心社會、幫助他人者，相信一定懂得孝順，等我們老了之後，成了心中有愛的助手。

● **愛眾生**：貓有命，蟑螂也是一條命，蝸牛的命重要，毛毛蟲未來將化身蝴蝶，給我們驚奇。我教兒女不可殺生，甚至要保護，成爲眾生的守護神。

我與兒女一同救過蛇、貓、烏龜、狗兒、蝸牛、毛毛蟲、蜘蛛等，雖是小生命，但也是一命，值得珍惜。穆罕默德覺得，**慈悲不必大，每一種良好行為都是善行**。你在兄弟面前微笑是善行，說服朋友做道德的事也是善行，引導浪子走向正途是善行，援助盲人是善行，在路上移開一粒石頭是善行，給人水喝依舊是善行，這才是一個人真正該做的事。

頂尖密碼

你真的長大了嗎？

一位高德碩彥的高僧應邀到一所著名的大學演講，開釋莘莘學子。

會後有位年輕人忿忿不平問到關於「長大」的迷惑，他說：為什麼自己已經長大了，父母還要管他，尤其是買東西，老有意見……

大師耐心聽完年輕人訴苦，面露微笑的告訴年輕人：「聽起來你只有變老，沒有長大。」

年輕人驚訝莫名，直問為什麼？

大師說，長大的人有幾項特質：

擁有同理心。知道父母慢慢老了，家裡的事需要孩子幫忙，會主動加入幫忙家人。

明白錢得來不易，知道節省的重要性。該花則花，不當花則不花。消費少了，父母就不用花很多心力去找錢了，可以讓自己擁有心力養老。

知道知識就是力量。懂得善用時間，不會只想到玩樂，會規劃人生，把一部分的時間用在知識的充實上。

懂得關懷家人，設身處地替人想，而非只替自己想。站在自己的位置上思考容易，但是易位而處就很難了，可以做到這一點的人，就是已經長大了。

任何人都會變老，但不是每一個人都能長大。過年時，何妨問問孩子：

你是長大了？或者只是老了一歲？

設身處地

處處站在別人的立場設想，以他人為尊；文明社會的指標，這是關鍵要素之一。沒有一私，就有公益，得以利益眾生，做什麼工作都會受歡迎。

培根說：**「同理心是一切道德中的最高美德。」**人生有不少金鑰匙，同理心是最重要的一把。

歐洲——以同理心交流的國度

行走歐洲街頭，感觸極深。爲何司機遠遠看見一位推著娃娃車的婦女緩緩走過斑馬線，就會踩下煞車，讓其先行，並且有禮貌地向對方揮揮手，而我們卻被告誡馬路如虎口，小心爲上，它是在提醒開車者，或是警告行人？

在同理心無所不在的歐洲，並非人民受的教育特別高、最會考試，或是每個人都唸了研究所以上的學歷，而是在學習中多了一門「人生課」，會把孩子教懂，並且具備替人著想的同理心。

德國的教育制度我有所涉獵，它是一個主張人人都是人才，行行出狀元的國度。國人不必花太多時間競爭，拿省下的光陰圓夢；少了與人爭鬥，他們便學會與人和善。

報導指出，全世界的啤酒中只有德國純發酵的黑麥品牌有益健康，把酒精中傷及健康的元素濾除，讓消費者飲得安心。

奧地利的房子美如童話，每一間都有風情，嗅聞出主人用心打扮住的地方，讓自己安居，順道給人一處賞心悅目的景致。

這些元素都是同理心的表現，處處站在別人的立場設想，以他人為尊。文明社會的指標，這是關鍵要素之一。先想別人後想自己，有如范仲淹所謂的「先天下之憂而憂，後天下之樂而樂」。

聖賢曾有過的倡導，而今也已流失殆盡，我們不止未替他人著想，而且只為自己設想，形塑唯我獨尊的社會，其實已非人的土地，而是獸的居所，令人生煩，有氣。

禮讓貞難，機率稍稍優於中樂透彩吧。爭先恐後，也不怕因而製造危機，出了車禍，傷人傷己。懂得打方向燈的人頂多一半，彷彿路是他開的，車上寫著擋我者死。

我們的教育把人命當草，但歐洲的教育把人命當成寶，這大約就是差異所在。少了同理心的社會有一定的風險，處處都有顧慮，我們會不願信任，對人所提供的食物有疑慮，懷疑有機產品不一定是有機，不知超市裡的物品是否誠實可靠。

共賞藝術牆——利他主義的精神

社會缺乏同理心，極爲可悲。自我主義因而上升，他我主義就消失了，心中只有一個自我，他我就顯得渺小，自我無限上綱的社會，只會自掃門前雪，不理他人瓦上霜。

社區大樓裡鞋櫃橫陳，哪管什麼臭氣薰天，只要方便就好。行人道上沒行人，騎樓寸步難行，全是私心惹的禍。人們用自己的方便製造他人的不便，換個場景，同樣享受他人造成的不便。這樣的經驗處處都是，全是缺乏同理心之故。如果做一件事前想及他人，不便就會成了方便，醜陋化身唯美了。

從門口到頂樓，猶如畫廊，是我花數萬元買畫布置，成就了一面美侖美奐的藝術牆，供人佇足瀏覽，訪客都曰「讚」，這即是我信仰孔子的里仁之美，與人爲善之理。

友人問道，不怕失竊嗎？起初有一點怕，現在不怕了，品頭論足者日衆，他們全成了守護神，喜歡的程度不亞於我，同理心與設身處地的態度兼具，儼然成了糾察隊，替我糾舉破壞美觀者。

機會教育是我的魔法，借由這些經驗告訴孩子同理心的重要性，當每一個人都爲他人著想時，久而久之，別人也會替我們著想了。

集合式住宅通常二、三戶或四、五戶比鄰而居，如果少了同理心，就會淪爲垃圾場，無一是受益者。我們將暴露在高濃度的細菌之中，除非免疫系統異常強壯，否則生病的風險勢必增加數倍以上，因而花了更多錢醫病，不是很冤枉？這種作法乍看只是利人的事，事實上也是利己。

當門口淨空，不再有鞋櫃，恢復通暢後，進出門心情好多了；有了美，回家成了一件賞心悅目的事，不再噩夢一場，聞到難忍的異味了。

同理心——打破親子藩籬的關鍵

有一回，女兒與朋友相約，遲至十二點還未回來，手機又因沒電打不通，平常十點入眠的我，那一天，十二點還眼睛雪亮，心急如焚，終於在十二點過一刻，女兒平安返家。我沒多說話，只摸摸她的頭，輕聲告訴她我的憂心，提醒她要有同理心，可以有兩全其美的辦法，讓人不憂心。

這件事應有所影響，以後幾次晚歸，她都會打手機通報行蹤與消息，讓人放心很多。**親子關係之所以劍拔弩張，同理心也是關鍵。一方是憂心者，一方是自以為長大的人，各自站在自己的位置上就無解了。如果能夠適切站在他人的角度著想，事情就會好辦多了，不至於會有收拾不了的衝突。**

同理心一事，有一天會在我們身上得到回饋，啓動這個方程式的觸媒是「老化」。我未及視茫茫而髮蒼蒼、齒搖髮禿的程度，但遲早會老邁如是，而今年過半百，就發現狀態大不如前；體力打折，睡覺分成「午休」與「早一點睡」，到太平山旅行，大約已難一口氣到達終點，中途必須休息用餐，還要午休小憩。

即使我天天都運動，羽球可以對戰一、二小時，但是蹲下站起，膝蓋已經非得借力使力不可。關節微微陣痛，腰會痠、手會麻、頭會昏，常常忘東忘西，記憶力大不如前，以前過目不忘，現在過目就忘。

我迫切需要幫手，如果不教同理心，會是第一個受害者。

孩子無法理解，父母口中發出吱吱吱的怪聲音，是一種求救的訊號；手按著腳部是由於痠痛；眼睛睜不開是因爲疲憊。我事先預防，早幾年就把這些事向孩子說一遍，並告訴他們，只要我提出要求，一定得馬上、立刻、快一點來視察。

所幸，這些心聲，他們不只聽見，也辦到了。

兒女慢慢長大，我替他們應徵過幾次國際書展的打工經驗，得到不錯的評價，最多的讚美來自他們的貼心與爲人著想的心思，這點是我在意的。

宋朝楊萬里在《答陳國材書》中提到：「人心之病，莫過於一私。」

沒有一私，就有公益，得以利益衆生，做什麼工作都會受歡迎。

熱情有勁

熱情含藏著狂熱與積極。帶著熱情的人，人際關係都很好，每個人都被滋養了，人生便充滿助力。

在人生道路上，未來的職場中，對事事懷抱熱情的人往往比別人快樂，效率更高、更有贏面。

嚴長壽先生一直是我以為很有遠見的智者，他常有高論，發人深省，成功在他看來不是學歷，而是對事物的熱忱。

他說：「**責任感與熱忱是企業領袖最重要的條件，可是百分之八十五是在學校學不到的。**」他覺得，**每個人都應有：「無可救藥的熱情與使命感，寬廣的胸懷，高度與視野，而這是考不出來的。**」的確如是，考得出來的，全是大家懂的、會的、熟悉的；更多曼妙的人格特質與態度則是學得的。

我家開雜貨店，而且有一間小小的撞球舖，天天人來人往，不斷與人接觸，爸爸見我怕生，有感而發講了句耳熟能詳的話：「生意仔難生。」意指做生意這種本事並非人人皆可。這些年來見多識廣，我不僅同意上述的話，而且發現熱情有勁是最重要的特質之一，少了與人相處的熱情，人際關係的能耐缺缺，根本不合適這一行，熱情一事至少可以讓人感受到賓至如歸。

熱情是一種頗具魅力的能力，我常因老闆的熱情而買下茶葉、咖啡，這種人都有把客戶當伙伴的特質，並非人人皆有、與生俱來的。我隨機提點兒女，未來的工作如果必須與人接觸，這種特質非學不可。

並非所有的工作都必須熱情有勁，有些也許必須安靜內斂，但是人與人的關係就非得熱情不可。沒人喜歡與一位冷漠孤獨者爲伍，老K臉常在應徵工作的第一關也許就被刷下來了。

熱情是勝出的關鍵

專業無分軒輊的一群人，決勝關鍵就在討人喜歡的熱情。

《優秀是教出來的》作者隆・克拉克說：**熱情洋溢的人可以做自己生命的主人**。我愈來愈相信這樣的論述，熱情者幸運，冷淡者被忽視。

熱情一事的福利我感受最深。當我把演講當成一種使命，類似布道者，傳播美好生活，聽者便全感受得到，給予相應的回應、掌聲如潮；早期並非如此，我只把它當成一份工作，講完了就拿錢回家，那種心態與消災解厄的術士無異，讀者的回應便是優劣參半。

重點還是熱情，連自己都對工作缺乏熱情時，就沒有人會理會我們，回應同理的熱情。

演講寫作不再只是我一個人的事，讀友在部落格的留言板上打氣，希望我書寫更好的作品，想出更妙的觀點、最美的作法，我便知道自己責任重大。深明大義的書，不可能是最暢銷的，但有了這些固定的讀者、鐵票部隊，我就放心不少，可以盡興書寫。

而出版社樂於讓我暢所欲言，大約也是感受到我對親職教育、美好生活與童話小說的熱情吧。他們明白我的書已經不只是書，而是有意義的作品，透過它想對某些人、某些事，做一點改造。

熱情不減，源於我還有夢，即使遠至金門、馬祖，我都樂於提著行囊，塞滿書，飄洋過海求售，總盼多一位讀者、多一個有緣人，就多一個希望。其實我更了解的是，演講無法給人太多有意義的改造，更多時候必須靠著自己一點一滴的閱讀，方可達到扭乾轉坤之功。

激發他人的熱情

熱情最曼妙之處，在於可以激發他人的熱情。

熱情含藏狂熱與積極，我常讓兒女思考一件事，如果他們是老闆，有一位員工主動要求做事，並且做得很好，看來熱情有勁；另一個員工，暮氣沈沈，成天偷懶，最好不要給他事做；兩者相較，會喜歡何者？對於一家公司而言，熱情者會替公司賺錢，而自己取得一部分的薪水；公司最不喜歡等著公司賺錢付他薪水的人，這種人的結局註定捲舖蓋走路。

我很在意兒女的應對進退，訪客來訪不可以當隱形人，必須現身，熱情接客，讓友人感受到賓至如歸。

經歷使我理解，**朝氣蓬勃，笑意逼人，帶著熱情的人，人際關係都很好，每個人都被滋養了，人生便充滿助力**。熱情者善問，不懂就問，問了就懂，便會給人好印象，這種熱情對人生觀的影響超乎我的想像。

知足常樂

頂尖與知足有關。當一個人不被物質生活所迷惑，才有可能節省時間，做自己想做的事，甚至充電，成為事半功倍的人。

大哲學家蘇格拉底說：「**知足是天然的財富，奢侈是人為的貧窮。**」

年過六旬的阿水姐依舊生龍活虎，意氣風發，她老人家是我的山友、溪友，有她在，一切閒行瑣事都可搞定。在山水之間，她是老大，在學校服務，職司長工，未有顯赫足以示人的財富地位，但我們都很喜歡她，她非有錢人，卻很快樂，其中一項特質便是「知足」。

她是玩樂者，但主張不花太多錢。這是實話，因爲她非有財之人，即使是玩，她也要玩得有品味，但堅持不用很多開銷。她曾與劉寧生的《太平公主號》同行，在仿古的帆船上乘風破浪，雖說只是體驗性質的一站，她已經開心不已，重點是沒有花上太多費用。

玉山她爬了何止五十次，甚至有一說大約九十回了。縱身一躍入池，她可以在碧潭狂游二十三圈，體力過人。她的收入不高，但快樂指數極高，只因知足。

我們與她出門，皆著迷於「不花錢主義」，把所花的費用除以全部人數，就是共同出資的金額，每一回旅程只需盤纏一、兩百元。

知足，我慢慢學會了，成了我的致勝祕法，至少從未有過金錢困擾，不必靠借貸度日。而我實際上也非有錢人，無法從容不迫的揮霍，如果以錢論身價，我是遠遠不及他人的，可是知足一事讓我立於不敗，安穩度日。

知足與頂尖有關

對豪宅的迷戀仍在，念念不忘宜蘭農舍，很想窩居其中，享受蒔花弄草、琴棋書畫、養雞餵牛的清貧生活。但心動，不敢行動，我不願因爲一個妄念，就使得唯一的人生，全盤皆錯。

我算過，只要貸款逾一千萬，一輩子都會淪爲奴才，不能翻身；必須永遠侍候銀行，服服貼貼奉送銀兩，定期付款，否則被告上法院，大門被貼上封條，查封拍賣。難堪的事，多位友人遇過，滿臉愁容的求助於我，可是我非有錢人，只是知足者，身旁有錢，但無餘錢；我常想，**如果人人做自己分**

內的事，不貪求，不就毫無煩憂了。

懂得知足，源於我明白自己只是個非常平凡的人，不可能一天二十四小時毫無節制的工作，在有限時間內，無法超時運轉，所得的便很有限了。我很知足單位時間內的所得，算是名列前茅，不算少的，想要更多只能拿命來換。

所得不可能再增添的情形下，唯有省錢才是王道，我不可能爲了滿足物慾，而讓自己成爲苦命的人。

頂尖與知足有關。當一個人不被物質生活所迷惑，才有可能節省時間，做自己想做的事，甚至充電，成爲事半功倍的人。我的物質生活很清淡，因而可以做到日出而作、日落而息，餘下很多時間，讓生活更有況味。

有些頂尖者，只因一個貪求、一種慾念，人生就弄得驚慌失措；他們的才華根本無從發揮，單純把因物慾而積累的負債全數清償完畢，也許就要耗盡一生了，遑論其他。

這些反思的哲學，我從不吝惜告訴兒女，讓他們明白知足的重要性，並把經由閱讀及體驗所擷取的人生心得，透過短短一小時面對面的溝通，像種籽一樣，植入孩子的心靈。

知足才能做自己

為什麼不可能一直工作？

疲累當是主因，畢竟是凡人，不是鐵人，死命的工作會影響效率，長此以往，就非帳面上的利潤了。有則實例，正巧是我的友人，他很努力工作，常像一陣風，很有錢，但也欠下很多錢，每天都在錢坑中打轉，腦子想的，嘴巴講的，心裡盤據的，全是錢。一個月花掉三、四萬元的營養食品費，非工作賺錢不可，可是猶如惡性循環，周而復始。

我告訴孩子十減八是二，五減三也是二，可是得了個十萬必定要用盡時間，但是賺個五萬難度就減少許多了，至少可以騰出一些時間遊山玩水。

關鍵是知足。

我很不喜歡孩子在我面前使用這樣的口氣：

只有五雙鞋子。

都沒有好衣服。

去髮廊做頭髮。

購買名牌服飾。

……

這些話會使我動肝火，質問他們：你是誰？並非完全不能做，而是不能讓自己膽大妄爲。非自己賺來的錢就不是自己的錢，該省；超出自己所擁有的開銷，就是透支。

「知識收藏家」是我的新頭銜，我會把一些談及知足、惜福等有意義的文章，轉寄到兒女的電子信箱，奇文共賞，與他們一起想想：一位八十歲的老媼，養育五個孫兒的辛苦；當別人一無所有時，我們什麼都有，的確是該知足。

知足的學習從零用錢開始。友人告訴我他是要五毛給一塊的老爺爺時，我驚訝莫名，這在我家不可能成立，**要一塊給三毛的吝嗇父親，才是我的特質**。**並非我很窮酸，而是希望孩子不要因而學到豪奢，讓人生變得窮於應付**。

伯特說：**聰明人絶不注意自己得不到的東西**。

優質的價值觀

奢侈之人，雖富也不足；節省之人，雖貧也有餘。
財富分成有形與無形的，有形的贏不了人，就得用無形的美妙來補。

巴爾佳說：**「當一個人的慾望毫無止境時，他的勞動就不可能有所終結。」**

價值觀決定人生方向，當是不假。優質的價值觀幫人不少忙，而我是受益者之一，不做過多的貪求，便不至於小人役於物，而能如君子一般物於役了。

省可致富，是父親傳留下來的遺訓。

這些年來有所體會，把它奉為圭臬。我並非很會賺錢之人，擁錢自重的能力不算傑出，薪水由一個月八千元起跳，加薪到一萬二千元，維持很長的時間，再漲至一萬五千元，二萬一千四百三十元……對於自己每一階段的薪水都瞭若指掌，源於明白它得來不易，必須了解自己到底賺多少、可以使用多少，按比例盤算人生。

不敢冒然購買喜歡得不得了的豪宅，並非毫無衝動，而是感性永遠越不過理性。撥動算盤，心想若買一棟心儀的房子，就得花上二、三十年償債，與長工無異，根本永遠無法翻身。

農舍大夢依舊存在，只是我選擇一條人煙稀少的路，按部就班當個殷實的人，不敢造次、越雷池一步，影響最深的，當是父母的價值觀。他們沒有明說，但我懂得，財富分成有形與無形的，有形的贏不了人，就得用無形的美妙來補。

我喜歡閒晃跳蚤市場，應該也是受父母惜物的影響，每樣東西都用到壞了、破了，毀損方休，堪用則用。

價值觀的確讓我省下不少錢。陳定南先生有雙破了洞的皮鞋，我有好幾雙開口笑，衣服破了個小洞，遮遮掩掩，縫縫補補又一年。這還是價值觀，並非故意省錢，而是覺得沒有必要一直買新的。

兒女的學雜費還應付自如，不必像我父親一樣，開學日就是借貸日，大約也是拜省錢之賜，截至目前爲止，從未缺過錢。

節省是常態，但未必錙銖必較。室內裝潢，旅行，飲食……一些關於健康與休閒的，我全數不省，那是需要，而且必要。價值觀使我的生活用價值計數，很少用價格；錢在我身上頂多叫介質，引領我通往想去的地帶，工作賺錢就有了新的意義，不再只是貪婪與慾求。

我是時間的支配者，因爲不必花盡所有時間追求貪婪。人生的需要不多，想要的卻總是太多了，這種心思我不吝惜教了孩子，讓他們理解收入與消費之間的關連性。

收入不是幸福的關鍵，消費才是。

一心只求收入的人，根本沒有時間去經營美妙人生，而這些得之不易的錢，未必可以花在自己身上，形同負擔。

兒女一度質疑我的想法，說我爲何願意花錢旅行，以及爲家中的裝潢採行唯美主義，但買一件衣服就大聲嚷嚷。重點不在錢的多少，而是價值觀。

我告訴兒女，一個人一輩子不可能裝潢多次，每次改修，就會住上一段長久的日子，如果因爲一、二萬，或者再多一點點的差額，讓自己十幾年來都在不滿意的環境中生活，應該會很難過的。

要做就做到最好的，卻未必是最貴的；但應該是自己滿喜歡，且很優雅的。這一點我不會完全以錢來衡量。

旅行是解壓良方，讓人去煩得樂，錢非花不可。既是要花，就不要因小失大，省了小錢，反而找來氣受。

少一件的心態要不得，因為家居陋室，不可能人人分配四、五個衣櫃，零用金悉數用來買衣服，無疑很恐怖。即使那是自己省下來的錢，我也會跟兒女講萬萬不可，這些事不是他們該做的，如果真缺衣服，應該由有收入者負責購買。

價值觀的好處顯而易見，友人的女兒就是實證。他家教養向來頗有口碑，尤其價值觀一事更是動見觀瞻。女兒在外工作，連同房租，一個月只需一萬多元就可以生活，於是選擇一家待遇不高，但工作環境極佳，老闆人好，可以學到能力的公司。

老闆好奇問之，為何肯屈就，她答：夠用就好，三萬二的薪水，扣除一萬多元的消費，還有淨二萬元的存款，她已滿足。優質的價值觀讓她做了利於自己的美好決定，輕而易舉找著合適的工作，並且定了下來，成了主管，一直被重用。老闆很感恩她，而她也真心謝過老闆。

這些年來，我一直把這句無意中得來的話當成座右銘，置於心中——

奢侈之人，雖富也不足。

節省之人，雖貧也有餘。

價值觀的培養並非難事，我常帶孩子閒晃跳蚤市場，讓他們明白人並非都富有，也非所有人伸手就有飯吃，更多人只能費力掙得一個一百元。跳蚤市集是我授課的道場之一，兒女的第一印象是髒，可是爲何有人樂於髒地？兒子想想，告訴我不得已也；的確，就因爲不得不，有些人才會去垃圾筒中翻箱倒櫃，找出可用之物變賣，頂著惡臭販售。

很多人特地趁著清晨微風開車來買舊衣物，一件一百元、五十元，我問兒女爲何？還是不得不吧，百貨公司的衣物質優價貴，跳蚤市場的衣物充塞著惱人的發霉味，只因阮囊羞澀呀！

錢很重要，但未達萬能的程度，它買不著健康、快樂、美好、靈魂等等，不要因為它賠上一生。

我深刻記住波厄爾士的一句話：**「金錢是很好的僕人，卻是很壞的主人。」**

頂尖密碼

「需要」與「想要」

女兒的同學買了一款式樣新穎的鞋子，女兒心動也想行動，當晚向我索討銀兩，我有點被惹惱了，生氣的質問，鞋子壞了嗎？

她怯生生告訴我，壞了。

壞了就可以買是我的堅持，那是需要。我總不能讓女兒打光腳上學吧。

可是這一款鞋並不便宜，要價三千。我突兀的想及一位賣鞋的友人，問他是否有賣這款鞋？他答稱沒有，但能調到貨，三天後去取，打七折。這款鞋只有四家直營店，不打折的；我喜出望外的告訴女兒，她卻潑了我一盆冷水，因為她早已約好友人要去買了，一刻也不能等。

我請她坐下來，聽我詳述想法。

需要的意思是，沒有它不可，一定得有的。

想要的意思是，已經有了還想擁有。別人有的，跟著想有，可是忘了自己的能力，變成慾望城池就不好了。

好的東西，只取其一，用了很久，不算貪。但擁有一整個鞋櫃，衣櫃滿滿全是衣服，就是貪念了。

我還說，一個月賺六萬元的人花了三千元，是他的二十分之一；但只有三千元的人花了三千元，則是一分之一。一個常花用一分之一的人，一定入不敷出，成為錢的奴隸，最後向人借錢，貸出自己還不起的款，甚至使用現金貸款與信用卡，淪為卡奴。

我一面解說，一面把四十本我的作品綑綁在一塊，開玩笑似的請她先行販售，就可以得到三折的差額。我的意外之舉許是嚇著她了，悶不吭聲想了許久，最後回我一句取消行程了，要賣你自己去賣。

冒險性格的夢想家

夢想本是冒險，不是成功就是失敗，只要用心去追，都是值得的。

勇於冒險的人，人生會與眾不同，有所突破。

冒險的意思不是去做艱難的事，而是勇於嘗試。

簡教授向學生開釋，他覺得人人都該有夢，設定一個目標，不必計較多少，往前行進就是了。並非所有夢都可以完成，但是缺了夢就不可能有完成之日。

夢想本是冒險，不是成功就是失敗，夢在前方，追就對了。

追夢人，我可以輕而易舉羅列出幾個：

後藤和文——長毛象之父

後藤和文是公認的長毛象之父，長毛象復活計畫的重要推手之一，他一心想使深埋於西伯利亞的絕種大象復活。

一九九〇年，這位家畜繁殖學及動物遺傳學的專家，利用已死的精子，體外授精成功，首開世界先例，證明以顯微授精的方法，可以讓已死的精子孕育出遺傳子健全的生命體，之後也順利培育出健康的牛寶寶。他現爲科學評論家，同時也是日本長毛象復活協會科學部的一員，持續爲「長毛象復活計畫」這項不可能的任務，努力不墜。

他的名言令人印象深刻：**有夢就追**。他說，**夢想是重要的，朋友是重要的，地球與生物是重要的**。

推動長毛象復活之路是迢迢長路，二十年了，根本只聞樓梯響，不見人敲門，但是自稱歐吉桑的後藤和文還是信心十足，相信長毛象重見地球指日可待，到時候也可以用同樣的技術，培育出其他已絕種的古生物，讓地球再次成爲動物天堂！

尚皮耶．胡丹——黑衣建築師

金字塔在國中時就擄獲了我的心，對於這座埃及遺留下來的古老建築印象深刻。而被迷惑的不止我一個人，尚皮耶．胡丹更是一心想爲大金字塔的建造之謎找到解答的黑衣建築師。他想明白四千五百年前，當封頂巨石落下，負責金字塔的設計、規劃與監造任務的古埃及造塔人荷米耶努，如何以巧妙且縝密無比的計畫，完成人類史上最大規模建築的祕密，而這個祕密就此深埋在數百萬噸的巨石堆中。這麼多年來，他選擇放棄收入優渥的建築師工作，在埃及沙漠中過著窘迫的生活，以僅有的一部電腦和專業繪圖技術，一步步重現大金字塔歷時二十年、從平地繼而高聳於沙漠中的經過，他的執著，逐步揭開了荷米耶努建造古夫王墓的歷史場景。

夢想一事無所謂的好與壞，只要用心去追，都是值得的。有些追夢者一生只追成了顏回，心靈富有，物質貧乏，「人不堪其憂，回也不改其樂」，卻依舊甘之如飴。夢想與物質生活未必有關，有些夢想並未能給予人們綾羅綢緞的饋賞，卻可以給人喜悅。

形塑孩子的冒險性格

人生多險，不可能一帆風順，不及早形塑冒險性格，孩子將很難應付風雨不斷的人生。孩子從小就跟著我冒險，家人一度質疑，朋友也迷惑問起，難道我不怕有所閃失？其實是怕的，但愈是害怕，孩子未來就更難脫離父母的羽翼、獨立成人。風險不可能沒有，只是早晚而已。

兒女陪我冒險，遠不及以前爸爸放任我們與童年玩伴一起冒險，我們甚至越過一座山去垂釣，不會游泳的我躍入湖中嬉戲，這些膽大妄爲未出過差錯，我們一群愛玩的伙伴全都活得不錯。人的身上鐵定有套預警系統，明白哪些事情該做、哪些事情不該做，哪裡有危險、何處該小心；我們的腎上腺素會出現警示，轉危爲安。

溯溪有一定的危險性，但躍入水中，什麼擔心全拋到九霄雲外。孩子比我更適應水的激流，反而輪到他擔心起我，一路上叮囑我慢一點，別貪快，否則跌斷老骨頭就慘了。

溯溪美景處處，成爲一生難忘的記憶。溪的盡頭有一處深潭，潭上方是一座水流切割的滑梯，約莫十五公尺，三十度角，斜滑入潭，孩子爬上滑下，再爬上滑下，玩得不亦樂乎。兒子當時不諳水性，卻也不怕，滑了下去，直衝水底，迅速上仰，游了幾下就上岸了。

只交代幾個原則，他就可以熟悉應用，完全無懼，想必未來遇上風險，他也不怕了。

友人是冒險家，常有新玩法，看來可怕卻又好玩。

回程選擇飄溪的方式，團長在每個人身上繫一個游泳圈，我們把自己想像成秀姑巒溪的船舟，隨著激流而下，一路衝衝撞撞，在溪流中驚聲尖叫，時而碰得極疼，時而讓身子浸在深潭中享受夏日難得的冰鎮。

終於抵達終點，我常青一塊紫一塊，但快意寫滿臉上，任務成功，通過冒險考驗。

郊山是我與兒女練膽量的地方，風險指數未必遜於大山。平溪三尖，有一定難度，筆架山與皇帝殿在峻線上游走，左右臨崖，不怕也難，我們手腳並用通過險處，可是沒多久又來一險。行進中，兒女不說難處，回程雙腳打顫，總算下山，脫險而歸。

浮潛的經歷永生難忘，鏡頭有放大效果，魚變大了、海水變深了，在面罩下的海洋，幽暗怖人，我從這一定點向另一定點游去，莫名的恐懼上了心頭，兒子隨侍在側，想必也是如此吧。幽閉恐懼果眞駭人，兒子的怕多年後才親口證實，原來當年洋溢笑意的臉龐下是由一堆害怕堆成。

我主張冒險嬉遊，做一些強健體魄的活動，因爲我們年少輕狂過，曾有些瘋狂的舉措，有些人卻被阻止了，有些人甚至從未有過，及至長大才覺得可惜，彷彿枉爲少年。

冒險的風險無所不在，我不敢保證任何一次有風險的旅程都平安無事，就像我們的人生也從未有人保證一帆風順般，我們一直都在危機與轉機之中遊蕩。

冒險的最大好處不止是冒險，而是聯繫情感。兒女青春期時，我與他們亦敵亦友，敵對的是我的要求與限制，他們討厭我把電腦盯得死死的；但我們依舊是朋友，這層關係來自曾有過的革命情感，上山下海營造的。

我還想繼續帶孩子攀岩、垂降、高空彈跳、坐雲霄飛車、跳傘，因為：勇於冒險的人，人生會與眾不同，有所突破。

Part 3 頂尖者的關鍵態度

成為頂尖，關鍵在於態度。

心若改變，態度就改變了；

把困難當作進步的階梯，才會有非常的機會。

態度是人生成敗的關鍵

著名的IBM頂尖講師，擁有三十多年企業經驗的凱斯．哈瑞爾，寫了一本受人矚目的書《態度萬歲》（商周出版），闡明態度是新世紀決勝的關鍵，進入贏者之圈的第三把金鑰匙。

從小愛打籃球的我，是個標準的NBA迷，絕不錯過轉播，又因為華人之光姚明，我間接喜歡火箭隊，因而更深入認識一些球星，其中以麥迪為最。他是一位天才球星，在強人如林的球場，他可以與喬丹、布萊恩一樣如入無人之境，技術極為高超。

曾被喻為鎮隊之寶、「非賣品」的麥迪，以高超球技橫行無阻，怎麼可能傳出將被交易的消息？但這看來是真的，釋出似乎勢在必行，最後落腳國王隊。

負面的消息直指「態度」，他與教練不合、與球員不合，非常高傲，不配合練球，遲到早退；這種傲慢作為，很快就引起隊員不滿，與他人種下心結，隊友不把球傳給他，而他帶著球就直往底線切，單打獨鬥。在一種講究團體合作的球場競技中，這樣的行事風格很難幫助球隊成為王者，球團只能斷然割愛。

態度不佳是球隊大忌，七六人隊的艾佛森也是球技了得，但風格駭人，不受喜歡；大聯盟有很多門巨砲，例如拉米瑞茲，本來可以轟出一頁史詩，但都因桀傲不馴，成為球隊的頭痛人物，常常淪為被交易的常客。這些人全是球星中的球星，一時之選，為何最後會落得連棲身之所都難找呢？

關鍵還是態度。

從事代客量身訂製木工作品的老王，技藝不錯，很有美感，設計堪稱一流，初時生意興隆，客源不斷，忙得不可開交，最後卻被自己搞砸了。

他很傲骨，對作品非常堅持，不容客戶有一絲挑剔、批評，惹毛他，便不幹了，不僅生意不做，做好的成品也不交件，寧死不屈。有時遇上客人多說幾句，還會與人大吵一架，差點開打；工人與他配合不佳，馬上辭退；自己尺寸丈量錯誤，還怪罪主人，要人賠……種種怪異行徑，口碑變得極差，在業界傳了開來。

有一回，與之大吵一架的媒體人，把事件寫成一篇聳動的報導，他的業績從此一落千丈，永不翻身。別人的木作坊是新客戶變成老主顧，而他的木作坊是老顧客化成陌生人，必須登廣告找新顧客，怎麼可能不心力交瘁。

年後的某個午後，在大學教書的友人來訪，怒氣沖沖的告訴我大年初一時經歷的事件。

他們一家四口到故宮博物院觀賞「黃金旺族展」，女兒忘記帶學生證，多問了一句，售票的小姐竟以訓斥的口吻說道，大學不是義務教育，本來就該記得帶證件證明，言下之意是：別多問了，有帶就出示，沒帶就買全票，弄得全家人面面相覷。

買了全票之後，豈料售票小姐又語焉不詳的說，可以只買三張票。友人不解，再問一句，哪料到小姐用嘴角向左挪挪，示意他自己看，原來是四人同行，一人免費啦！說畢，友人忍峻不住，笑了出來。

他的確該生氣，教育的失敗從此處看得出來，但也不必在意，這或許是這位小姐一直當個售票員的主因了。

很多事情未必與學歷有關，關鍵在態度。其實只要改口說，「很不好意思，院方有規定，未帶學生證者一律買全票，多有得罪，請包涵。」百分之九十九的人都會欣然接受，並會讚賞她處理得宜。

《商業周刊》報導一位鋪設磁磚的工人吳清吉，六旬年紀，身手俐落，周旋於各大豪宅之間，是被指名御用的國寶級鋪磚師傅。他不具備高人一等的學歷，卻有高人一等的身價與無形的財富，他的價格遠高過同行，必須等待，可是客戶甘願。

他憑藉的是高超的技巧，還有為人處事的態度，精準捕捉客戶的需求，做到顧客所要的標準，而且不沾沾自喜，處事非常謙卑。

透明淨白的琉璃觀音，在人潮不斷的天母街頭，靜靜觀照「琉璃工房」藝廊，安靜沉穩、俗塵不沾，它是楊惠姍的作品。一九七五年入行從影，作品近一百四十部，平均每年演出超過十部電影，產量驚人，磨練出精湛的演技與敬業的態度，兩度勇奪金馬獎和亞太影展影后，演藝生涯攀向顛峰，她卻急流勇退成為藝術家。

不演電影的楊惠姍依舊風光，琉璃世界中鉛華斂盡，佛光四射，專心和興趣也是帶領她闖進琉璃世界的兩大關鍵。在別人看來，實在太忙了，可是她卻一點也不累；因為太喜歡了，沒做完的作品就帶回家繼續做。

因為喜歡，給了她全心投入的情感和力量。心無旁騖做好一件事，內心自然安定、愉悅；想太多，反而會自怨自艾，塑不出自在的觀音如來。

進口衛浴設備的老林，生意做得嚇嚇叫，但並未因而樂昏了頭，懂得偷得浮生半日閒與我們一起運動，打球健身。他在球場上的拚勁，與生意場上一模一樣，傾盡全力；球技未必好，但一股不服輸的勁，還是令人受不了，不寒而慄。

他有一項特質，就是「不怪罪」，打不好，說聲抱歉，言明明日再戰；他說，輸了就輸了，找出問題，尋求解決方案才是上策，果真是成功的生意人。

凡事起頭難，剛開始他可是挨家挨戶拜訪，經常吃閉門羹，但是誠意感動了部分的建商，讓他做成第一筆生意。他不偷工減料，在業界有了口碑，有人指名他，生意就好做多了。即使有時錯估，因而未賺到錢，他也一定不草率，收尾做得漂亮。

服務好每一個客人，遠比一直尋找客人來得重要。而這個小智慧，據說得自於一篇關於王永慶賣米的報導。

這些全是態度，它是一門修行。

以下是我從網路上截取嚴長壽先生給社會新鮮人的一封信——

親愛的社會新鮮人：

不管你想從事什麼行業，我都希望你能保持足夠的「熱忱」。現在我已很少親自面試員工，但如果今天由我面試，我挑人最基本的條件就是「熱忱」。至於學、經歷，那只是個參考。

●面試挑人　最重熱忱

我面試時，會一直丟出不同的問題，再從他的回答中，了解他做事的判斷方法與過去的經驗。我覺得面試只是第一階段，挑選到適合者的成功率只有百分之三十。

大部分的人面試，都會想辦法讓你看到他最好的一面，如果連表現優點都做不到，我想他應該也不適合服務業。

比較重要的是第二階段：試用期，看他耐心到了一定程度後的態度。服務業很辛苦，直接的考驗是體力上的勞累。你可能必須站一整天，或遇到每個人都問你相同的問題。如果你只看到光鮮亮麗的外表，以爲在大飯店上班，可以每天穿著漂亮的制服，我想，你應該在這行業待不久。

●耐心體力　還要敏銳

這些年來，我發現有些看來很漂亮、外貌理想的人，進入服務業後，隱藏的嬌貴面就跑出來了。接待第一個、第二個客人時一切OK，但等到第兩百個客人，他就沒耐心了。要知道，服務業需要「耐力」：「耐」心與體「力」。

餐飲服務業分內、外場。外場人員重視第一眼讓人看到的形象，一種說服的能力、主動接觸的能力。

如果你想進入服務業，我覺得你必須要擁有「觀察細微、體貼、主動了解客人的需求」等條件。而內場的廚師則需要「感官敏銳」，包括味覺、聽覺、嗅覺等，讓自己像個藝術家般敏銳。

服務業最大的魅力是與人接觸，你能夠立即感受到對方的回應。當你做對了，馬上就讓客人感動；當然，也包括做錯事，馬上被罵的回應啦。

缺點是從業人員的待遇不夠理想，假設大家對飲食、住宿環境願意付更合理的價錢，就能讓這行的待遇更好。

●認識自己　發揮優勢

話說回來，對正要找工作的你，我最大的建議是：你必須先認識自己，了解自己的個性傾向與技術上的優勢，再去找工作。

個性很重要，若勉強自己逆勢操作，會很辛苦。假設你是個挑剔的人，就去做品管、監察官；要是做管理，相信員工都受不了。

我想與你分享一個自己的小故事。高中時，我功課不好，但我辦很多活動，又是樂隊的指揮。樂團沒有教官帶領，我就當起同學的老闆，帶他們排練、比賽，這件事讓我有很大的成就感。

我對朋友說：「以後誰用到我，就是誰的福氣。」因爲我知道，我那無可救藥的熱忱與責任心，會幫助我踏上成功之路。即使現在，體力衰退了一點，但熱忱始終沒有消退。

●小節用心　成敗關鍵

所以，工作的動力與價值就是你的熱忱。當你對細小的工作環節，能抱持著用心的態度；當你對一再重複的工作內容，能找到快樂與成就感，你的熱忱就能激發出超越心智與體力的巨大能量。記住，全心全意投入的熱忱，才是決定你成敗的關鍵。

祝你永保熱忱

亞都麗緻總裁　嚴長壽

這封信的意義在我看來大約就是兩個字——態度，它是人生的明燈，關鍵的所在。

態度不止一個面，它有許許多多的面向，潛在生活之中，值得我們一樣樣反芻。

心存感恩

謝字很簡單，但謝字很重要。因為懂得心存感恩的人，才會有愛。

辛尼加說：「對一件事表示感謝，就如同做一件好事一樣偉大。」

波普說：「當我發現一個人有誠摯的感恩之心時，便會相信有一天他富有了，也一定會有一顆慈悲的心。」

每個人都需要提攜的恩人。

知遇之恩無所不在，我不只一次在演講與寫作時指出，今天的成就來自昨日的恩人，沒有這些慧眼獨具、像伯樂一般的人，我就不可能是匹千里馬了。

國小時，在我的作文簿上寫下「特優標準作文」的老師許是恩人，他讓我隱約看見一條寫作的路。國中國文老師寫的另一段話：「無一字贅語」，加強印烙，朗誦出那篇文章的畫面依稀可見。導師所謂的「言要有本」，讓我後來在演講取材上添得獨到的祕方，嚴謹依循凡事有本的方程式。

在陸軍八三一精神病院當兵期間，我完成生平第一場正式的演講，院長蔡詢皋欽點，台下聆聽的全是國防部的高階將領，我很心虛的完成使命，卻博得極大的讚賞，讓我添得無比信心。退伍之後，我一直與蔡院長有所聯絡，源於知遇的情誼。他是個不苟言笑的軍醫，但對屬下極好，尤其對我。

「長弓出版社」也堪稱我的伯樂，第一本書《心理的掙扎》由該出版社出資發行，出版社依此斷言我會紅，但憑什麼？我不得而知。以前以爲是文字魅力，但回頭再三審視該書，怎麼也看不出這文詞生澀的內容有紅的本錢；也許是態度——我做人處事的態度有別於他們所見過的作家與時下的年輕人，因而做出預言的。

人生路上需要伯樂的肯定

我很感恩意外出現在人生中的伯樂，開啓了我的寫作之門。

第一個提供我專欄寫作機會的人是如今著名的演說家，當年任職《大華晚報》副刊主編的吳娟瑜老師。投稿多回，她主動來電，說把文學與心理學結合的寫法很有創意，見解獨特，邀寫專欄；我原無此意，但勇於承擔，便接下重任了。那段時間是我大量閱讀的精華期，爲了寫一篇二千多字的文稿，讀了二十五萬字，而稿費只是區區數百元，但價值滿懷，我因而擁有許多無形資產。

退伍後進入社會的第一個工作，是由就讀政大時的老師鍾思嘉教授提供，他被我的狂妄之言——「明日看我」所震撼，銘記於心，之後我的文章散見於鄭林鐘主編的《中國時報》家庭版。

籌辦《父母親月刊》時，他第一個想及的就是我。我不費吹灰之力就有了恩主公，開始第一份差事，薪水八千元，不高但夠用；更重要的是，我因而習得了一技之長，有了謀生的本事。

對於有恩於我的人，我都心存感恩，牢記不忘；這些人從不嫌棄我，一直在我的人生中持續扮演伯樂，挹注新的助力。

人生路上，少了這些人肯定是不成的，很少有人可利用一己的才分，成就一件偉大的事。

執筆期間，欣賞由甄子丹等人主演的《十月圍城》，同樣發現如果孫中山沒有這麼多國內外名人政要與市井小民的幫忙義助，就不可能成就革命大業，那是千千萬萬人心繫的結果。

將感謝說出來

圍繞在我身旁的成功者，一問之下皆有恩人，都在人生道路上受過提拔與幫助，如果缺了這個人，他們的人生未必如此順利。我從報導中知道，嚴長壽的人生有貴人，知遇之恩給了他舞台，而他也用同等的方式給了弟子蘇國垚。雖然他說，肯不肯付出、肯不肯學習、肯不肯接受意見是成功的關鍵，但猜想更重要的是有沒有人提攜。

心若改變，態度就改變了。

感謝必須說出來，不可藏於心中，話在嘴邊留半句。有時候兒女被我惹煩了，會說：「老是謝、謝、謝，你煩不煩呀。」

不煩，也不能煩。謝字不說，沒人會知道的，我堅持做飯給他們吃時，他們在用膳完畢非得說聲謝字不可。

謝字很簡單，但很重要。因為懂得心存感恩的人，才會有愛，並懂得孝順父母。辛尼加說：「對一件事表示感謝，就如同做一件好事一樣偉大。」

頂尖密碼

「恩人」與「貴人」

一場在淡水圖書館的演講，原先被告知通常只有二、三十人聽講，沒料到來的人擠滿小型演講廳。人一多，講者通常會賣力些，平凡如我者，也免不了誘惑，舉棋擺譜的把《放手，就有桃花源》講得淋漓盡致，開心極了，聽者也愉悅。

我在演講中提及人生中的三個恩人。其中一位在我小四時出現，他在我的作文簿寫下「特優標準作文」；國一時出現了第二位恩人，他說我的作文「無一字贅語」，同樣也是一句話；第三位是國中導師，教我做學問的方策，他自己很愛讀書，也讀了很多書，我如法泡製，成了愛書之人。

會後，一對夫妻問我一個有趣的問題：為何把幫助自己的人稱為「恩人」，不說「貴人」？

我一時語塞，不知如何應答，事實上我壓根兒沒有想過這個問題，不知該如何解？

可是有人提問，至少也該有一套說詞，靈光閃過，我有一解了：恩人有心，貴人無心。

哎，這種說法一聽便知是胡謅的，但說得有理，我自己都信服了。

貴人的「貴」字是指「富貴」，意指給予富貴之人，多數用在因為某人出現而獲得名望與利益的事件上；於是我們常聽企業家說，他的人生中何時遇到了貴人云云。而我指的恩人，未必對我真正有恩，也許只是因為他的一句話、一個動作、一個相人術，把我當成了有用之人、或是千里馬，我因這樣的引領而有了出路等等，就屬恩人。

恩人因為有心，所以常常施恩於人，是個不折不扣的伯樂。

我說得口沫橫飛，他們竟也聽得頭頭是道，滿意的告訴我懂了，微笑離開。我看見他們的背影，滿心歡喜。

只是不了解這種即興式的開解，對方真的接受嗎？

勇於承擔

懦者把困難當做行事的障礙，但是勇者會把它當做進步的階梯。有非常勇的人，才會有非常的機會。

西塞羅說：「**有勇氣的人，心中必定充滿信念。**」

三國演義中有一段關於劉備託孤給諸葛亮的故事，孔明知道阿斗扶不起，在那風雲詭譎的年代，幾乎人人依附強者，大水沖倒龍王廟時，總是樹倒猢猻散，依孔明的才智絕對可以投效他人，可是為何不？

勇者吧。

明知不可為而為之，才是大勇之人，他用謀略讓搖搖欲墜的國度，苟延殘喘好多年，這種承擔非常人所可為也。勇者可託重任，懦者很難有為，因為思維截然不同。懦者把困難當作行事的障礙，但是勇者會把它當作進步的階梯。這個想法極準，常被用來做為測試態度的指標。

朋友的公司用過一個測驗方式：在應徵時，火災的鈴聲響起，有人高喊失火了，看看應徵者的反應，多數人拔腿就跑，只有少數幾個人會留下來助人，這些人後來全被公司錄用。

我問過這麼做的理由？朋友說，勇者無懼，值得託付。

如何移動富士山？

美國微軟公司第三階段用人採取創意主義，題庫中就有一題叫做「如何移動富士山」，要參加者提出解決方案。其中兩個觀察的方向，一是是否接受挑戰，二是有無獨到的方法。一個回答「怎麼可能」的人，大約就不必參與下一階段的面試了，直接回家；這樣的人連面對困難、解決問題的勇氣都缺，很難承擔重任。

莎士比亞說，有膽識的人最先贏得冠冕，應該就是此意。埋頭苦幹，從不抱怨，只報告進度，最後再給結論的人，全是勇於承擔者，鐵定是可造之材。

天底下沒有輕鬆的事

兒子非從小參加羽球隊，正式的訓練之初，對他來說非常吃力，幾度想放棄，拎著球袋回家。我當然明白，天天跑五千公尺，筋疲力竭地躺在操場上，動彈不得的苦處。我練過田徑，踢過跆拳，參加棒球隊，其中之苦感同身受，如果同意便等同宣布放棄。

我接受他的忿怒、叫囂，默默陪他走過，熬過兩年才雲霧化去，雨過天青、進步神速。我的教練友人都說，不容易，訓練兩年可以打得這麼好，的確有很好的身體素質。

改變的魔法，並非只有陪伴，更多是鼓勵，使之了解天底下沒有一件輕鬆的事。我問孩子，如果不喜歡打球，那喜歡什麼？他可以講到的事，我都能列出苦在哪裡，即使兒子喜歡唱歌，我也告之：唱歌與音樂人有很大的差異，每個人都愛唱歌，但不是人人可當音樂人，得花時間練習音樂的本事。

做什麼像什麼，而且要做到最好，才是決定者，否則就被決定了。

頂尖密碼

找到「對路」才有快樂

「好路」與「對路」是兩條平行線，值得思考。

好路是一般人心目中的康莊大道，直行就到天堂，可是事實未必如此。用分數考上醫科，原是好路，可是有人演得很像酷刑，何止一個慘字。這些年來，斷斷續續聽見一些醫生朋友燒炭走了，更是傷感，心想何以紅塵如此令他不想戀戀，許是生不如死吧。他們其中不乏高收入、高社經地位的人，何以挽留不了多多佇足圍觀美好街景的心思，難道是原先被安排的那條極好的路錯了嗎？

我識得幾位精神科醫師，本身很不快樂，自陳罹患憂鬱症，可是為何要選精神科，莫非想醫治自己？結果錯得離譜，若真是如此，應該鑽研人生哲學才是，或者修行禪宗，拍案開悟。

錯誤抉擇只落得身繫囹圄，越陷越深、難以自拔。反倒不如一位有憂鬱傾向的球友，與我們打球八年，自陳憂鬱症早已經不藥而癒，安眠藥扔了，睡得極好；而今得的是快樂症，這種病滿慘，很難醫，會一直很快樂。

友人之中有位奇葩，本可考上醫科，卻填植物系，雖說挨了家人的罵，媽媽氣了好幾年，不願與他說話；可是事後證明，植物學也可當飯吃，不只有飯吃，還賺進了錢買不著的快樂。

他沒有走向「好路」，反而找到「對路」。玩樂之中還有錢賺，何樂而不為。

孔子在《論語》中提點我們，「知之者不如好之者，好之者不如樂之者。」大約就是此意吧。他把人分成三種等級：

一級的，知之，好之，樂之。

二級的，知之，好之。

知之而已，必屬三流。

謙虛爲懷

虛心受教的人肯學，即使資質並非最聰敏，學歷未必傲人，但孺子可教，只要給他們時間，成功指日可待。

兩只杯子，一只裝滿了水，另一只還有一半空間，我問兒子，哪一只可以再裝水？

很明確的，還未裝滿的杯子。

已經裝滿水的杯子，可以再裝嗎？

兒子心思敏捷，馬上反應過來，他說可以啊，只要倒掉一些。

賓果，答對了。

聰明者是沒有裝滿水的杯子，即使裝滿了也該懂得倒掉一些，這叫「去蕪存菁」。

朋友是個出色的商人，一位很明智的董事長，他提綱挈領，說明用人之道不看學歷但看態度，謙虛是重點之一。在他看來，虛心受教的人肯學，即使未必才華洋溢，資質並非最聰敏，學歷未必傲人，但孺子可教，只要給他們時間，成功指日可待。

謙虛的人不計較待遇，但計較學到什麼、專不專業，這對老闆來說至關重要。他付了錢，員工如不上進就是損失。

他用三萬元錄取一位年輕人，不久就發現，這個孩子值五萬以上。他不解，這麼好的人才怎會屈就，但他告訴這位朋友，有形的得到不多，但無形的知識學到了許多，主任幾乎把武俠小說中主角必須跌落懸崖才能得到的武林絕學、一甲子功力，傾力相傳；朋友聽來感動，便再傳另一套武林絕學。

朋友對才華洋溢的人有所偏見，他發覺這些人恃才傲物，以爲自己很了不起，什麼都會，不太肯學，久而久之，就跟不上他人了。

研究證實：天分不可靠，人格特質更重要。

我常被問道：謙虛怎麼教？

身教！

相信每個行業的頂尖都非易事，樂於尊重每個學有專精者，就是最有意思的做法了，不必師法他人。自己辦到了，孩子就辦到了。我在兒女心目中一度無所不能，爲了破除迷障，我便用了一些方式。

● **說「不知道」**：林語堂的「不知道」之法可用。當兒女有問題時，他最常回答的是「不知道」，他覺得唯有大人不知道，孩子才會想辦法知道，否則父母就成了孩子的《辭海》。我學得箇中精妙，常說不知道，並非我謙虛，而是眞的無知。

● **欣賞他人**：尊重他人的專業是一種必要，我讓孩子明白這些人全都不得了，很優秀，我以禮相待，尊稱爲師傅。包括刷牆壁的油漆師傅，做地板的師傅，裝櫃子的師傅，修水電、修洗衣機的，我都奉茶，不恥下問。

舞蹈、畫畫、雕刻、衝浪、攀岩等，我幾乎無一樣如人，稱不上頂級，只堪稱徒弟，稱不了師。這些人太神奇了，畫家往往一支筆、橫豎勾勒，就是一座雲霧飄渺的山，我會好奇的問其運筆之術。雕刻家如何決定下第一刀，下在何處、爲何這樣下……常有神來一筆，不恥下問，就有知識了。一根繩子，繫於腰際，三兩下便可以登上高岩；一塊塑膠板，就能如海中蛟龍，飛來遁去，眞不得了。

我理解奇斯特．菲爾德的說法了：**「謙遜是釣取學問最棒的香餌。」**

勤能補拙

勤奮的最大好處在於熟能生巧，越磨越是精明。
一回生，二回熟，三回成本事。

作家斯邁爾說：**「如果你有偉大的才幹，勤奮可以增進它；如果你只有平凡的才幹，勤奮可以補足之。」**

《列子》愚公移山的故事，多數人耳熟能詳，從小在課本中讀過，寓意恆心、毅力與勤能補拙的重要性。

三〇年代的文學家裡，魯迅是我最心儀的人，《阿Q正傳》、《藥》、《孔乙己》等短篇故事一字排開，篇篇喜歡。他的老師壽鏡吾是位高瘦老人，要求極嚴，主授四書五經還有漢魏六朝文章、唐宋詩詞，早上八點，學生入書房背課，能背者另聽新課，下午繼續授課。這樣的安排其實很枯燥乏味，魯迅自認爲並非天資最好的學生，但刻苦讀書，因而打下學問的堅實基礎，同學敬而畏之，老師格外器重。

魯迅的文墨豐滿，原來是小時候勤奮得來的。

勤奮能補拙

勤能補拙這件事，日常生活中很容易找著例證。

黃教授與我分享選擇研究生的標準，他是位新潮的人，觀念並不陳腐，成績不是他的要件，而是勤奮。他帶過一些資質優異的人，也都擁有學位，可是在求職過程中一直不順遂，他歸納出幾個原因，其中一項就是態度。這些人才華洋溢，能力不是問題，但是把聰明用在錯的地方，他們用腦筋來偷懶、鬼混、摸魚。反觀有些資質並非一流的孩子，勤能補拙，做事牢靠，事情交給他們就無後顧之憂，反而好用。

這個觀點，一位學歷不高的友人可茲證明。他離開社會後，在專業上的努力有目共睹，完全可用勤奮來形容，他的工作很有口碑，幾次造訪閒談，心有所感，相信他非浪得虛名。有一回，我去他家造訪，他正戴上老花眼鏡，仔細瀏覽當期的車訊雜誌，讀畢才轉身理我，謂之是他的日課，天天要讀二小時以上。他自謙非聰明人，但卻是勤奮者。那天，我們品茗清談，受益極多。

勤奮能生巧

我熟悉的一位節目主持人，也是勤奮者。他的節目以知性爲題，以言之有物著稱，他說專科學歷是罩門，但勤奮是破繭而出的利器，幾乎無一日間斷，晨起讀書，勤做筆記，學問自來。

勤奮的重要性，被這些人一語道破。

我是勤奮的受益者，同時看見一些很有才分的年輕人，成了不勤奮的受害者。「優秀者」一詞跟著我的時間並不長，國中之後就被我甩得遠遠的，成了羨慕他人的一種目光；但是勤能補拙，讓我開啓了另一片天空。

勤奮是我從小養成的特質，務農家庭有許多家事非做不可，早上四五點會被媽媽輕輕拉起，替父親掌燈，到幾百公尺遠的竹筍園採收帶露未乾的竹筍。即使晚春，依舊很冷，春寒料峭；弟弟隱身被窩，我得早早起床，梳洗打理上工去。當年吃苦，卻注定後來的離苦得樂，勤奮就是重要的幫手。

勤奮的最大好處在於熟能生巧，越磨越是精明。廣泛閱讀一事，我的啓蒙算晚，但持續力很長、專注力夠，收益便大了。

一回生，二回熟，三回成本事。

勤奮最終入了我的家訓。**兒女的成長禮，我的作法很簡單——無論如何**

都要參與家中的事，成為一分子。他們不可因爲考試、約會、玩耍而不做家事，不可以在過年前，我一人忙於整理家務的時候，置身事外，更不可以忘了灑掃廚洗。

與他人的孩子相比，我的一雙兒女堪稱勤奮，他們會幫忙做飯、洗廁所、擦地板，清理餐桌碗筷、幫貓洗澡、清理自己的房間，反正該是他們做的，就不假手他人。雖然以大人的標準審酌仍不滿意，但莫忘回歸「兒童主義」，這樣的孩子已經不多了，夠棒的，應該給予掌聲。

我只在乎過程，不太在意結果。過程努力，就給掌聲；結局未盡人意，就給安慰。德國有句諺語說，「有靈敏的頭腦與勤奮的手腳，就可以隨時得到錢了。」

頂尖密碼

原來，成功這麼簡單

成功是父母的想望，讀書的必要，努力的結果，驗證的成效，人生的目標。這些年來，我閱讀不少與成功有關的研究與報導，發現一些有趣的定理，原來成功這麼簡單。

●**早睡早起**：早起的鳥兒有蟲吃，晚起的鳥兒被蟲吃，是真的。研究指出，早起的人，而且是不用鬧鐘就會自己醒來的人，自控力較佳，做事有條不紊，成就的指數遠遠高於自控力差者。

●**愛吃早餐**：「愛吃早餐」與「早上有吃」不同，重視早餐的人，成功的指數也較高，這也有道理，至少精神百倍好辦事。

●**培養運動習慣**：健康是一切，它是保證與寶藏。不用研究者解說，我也猜想得出來，精神抖擻的人一定勝過精神委靡的人；有高度戰鬥力的人，怎麼可能是輸家，這樣的人永遠保持在最佳狀態。

●**喜歡閱讀**：書唸得很出色，常考第一名者，不在喜歡閱讀的行列。真正的喜愛閱讀者是把書當伙伴，手不釋卷，從中汲取知識，彌補不足，他們懂得發揮「知識就是力量」的道理。

●**不擅考試**：根據研究，成功者很少是那些考第一名的人，多數集中在六至十五名，或者更慘一點。這也有道理，考第一名得用盡一切心力，其它的就難以兼顧了，未把全數時間拿來讀書考試者，更有餘裕做自己。不擅考試並非不會考試，也未必考輸人，只是未在考試上盡最大的力道而已。牛頓不會考試，卻發現著名的牛頓定理；愛迪生很不會考試，卻是大發明家；瓦特更慘了，但蒸汽機是他發明的；富蘭克林很有名，避雷針與之有關，可是他書也唸得不太好。

看來成功不難，只要以上這些特質具備了幾項，應該離成功一事就不遠了。

誠實是寶

誠實很重要，它是人的第二生命。

不誠實表示意志薄弱，容易被牽著鼻子走，必定犯錯。

赫伯特說：**「失去信用的人，無疑等於死了。」**

最基本的信用都不見了，還有什麼？

缺少信用，人生很難爲眞；可是「精誠所至，金石爲開」這件事彷彿成了格言，被鎖在閣樓中，快要變成愛默生的預言——人只剩獨處的時候才有誠實，在他人面前都是虛僞粉飾的。報紙媒體不止一次登載讓人揪心的社會事件，眞實的令我們看見誠實是如何流失了。

我從小喜歡打棒球，加入棒球隊，職司投手，當年的村子裡只有一戶人家有電視，我們三更半夜呼朋引伴，起身觀賞威廉波特棒球賽，場景歷歷在目，對於棒球當是有情感，難能輕易忘懷。

職棒假球事件沈重打擊熱愛棒球的人，敲下一記悶棒。第一次，它被原諒了；第二次，再被原諒；當第三次也被原諒時，還有第四次嗎？

選手不缺專業，但缺態度。他們在這一領域是佼佼者，前途一片光明，有些甚至擁有大聯盟等級的身手，是坐擁優渥待遇的旅日、旅美球星，眞是令人匪夷所思。問題出在哪裡？缺錢嗎？亦或缺德？

假球集團相中的人物，絕非小輩，何以甘爲犬馬？

爲了區區數萬元，至多數十萬元，作賤自己，球評認爲起因於國內職棒選手的待遇遠遠過低所致。可是，大學畢業生只能領到二萬多元的薪俸，一個月薪水少則五、六萬，動輒十萬、二十萬的職棒選手，怎可喊少。眞正的原因是貪，貪則無德，誠信便不牢固了。

教孩子誠實、誠信，我從小事開始。誠實很重要，它是人的第二生命。不誠實表示意志薄弱，容易被牽著鼻子走，必定犯錯。**說真話可以使過錯被原諒，是我的家規，誠實有理，謊言就不必了。**

一個古老的方章，水晶材質，價值不菲，我寶貝得很；可是被孩子當成玩具，甩了出去，撞擊牆面又彈了回來，落在地上，碎了一角。

我當場目睹，心在淌血；熱血沸騰，直衝腦門，怒氣沖天。

「誰幹的好事？」

我的話裡有點冒火的味道，兒子訕訕的走了過來，承認自己是兇手，說了幾句對不起，這下怎麼辦？

認錯了，如果責罰就不近情理，我的怒火立即收拾，整理一下情緒，摸摸他的頭：「沒關係，知道錯就好，下回不可以。」我大約說了這些話，這件事的確使我憂鬱好多天，想念那方價值不菲的水晶方章。

六歲之前的孩子絕對分不清楚物權，喜歡的就想帶回家，而且還眞的不告而取了。有一回，兒子房間多出一件東西，鴨鴨玩偶。我告訴他，怪不得昨天聽見鴨媽媽的哭聲，原來鴨小妹在你房間哦，今天送她回去好不好？否則她媽媽會哭出病來，弄不妥，瞎了也說不一定。效果多半不錯，孩子會雙手奉上迷路的玩具。

誠實是我自豪的一件事，即使一大疊錢，隨意放在桌上，也不可能少一張。兒女們更自豪，說自己本性純良，值得公司託付工作，如果不看專業，只請老實人，肯定雀屏中選。他們講的也許是玩笑話，但希望是實話，因爲已經有人把誠實當成舉才的標準了，只是未想到好辦法吧。

密得爾頓相信：**「抵押田地，贖得回來，但典當掉了信用，就難以翻身了。」**

頂尖密碼

化身海綿，創意無限

水泥是「一成不變，固著不知變通」的隱喻，意指舉三反一之人，或謂死讀書的書生，腦袋瓜食古不化。海綿則是海納百川之意，意指舉一反三，思考敏捷，虛空納有。

我猜，百分九十九點九的父母，一定喜歡後者，不願意孩子讀死書，只有學歷，欠缺能力。

水泥不妥，堅硬的混凝土一般是由水泥、水、砂、石組成的，強度與水灰比例的大小成反比。水是柔軟之物，無形無狀，自由揑塑；灰是粉末狀，細細輕輕的，隨風揚起，但合在一起就堅固不化，可防風遮雨，百年不變。水泥用來蓋屋，不錯；腦筋像水泥則不妥，一旦水與石灰混在一起，就會固著不變。

現代的孩子就是如此，被教成分數的機器，不去思考，知識成了堅硬的水泥，記了下來，知其然卻不知其所以然。

學習一事，其實不是要孩子學到什麼，而是學到「如何去學」，那就是海綿了，方可自由捏塑。屬於多孔動物門的海綿，約是五千種原始多細胞水生動物的統稱，海洋潮間帶與深至八公里處的深海都有它的蹤影。不會移動的它一度被誤以為是植物，十八世紀左右，生物學家觀察到通過海綿的水流和入水孔的啓閉，確證海綿為動物。

用來洗浴室的海綿，則應該是它的屍體了。使用海綿，很容易使我想起「海納百川」的說法。一小塊海綿，竟可吸納那麼多水分，必須用力擠壓，方可把水瀝乾；只要幾滴沐浴乳，海綿就能釋出無盡水泡，真是神奇。

頂尖者在我看來都似海綿，幻化無窮，可以化腐朽為神奇，創意無限，任何東西在他們手中全添得巧思。海綿主義者懂得利用少少的原料，做出意想不到的大作品。化身為海綿，說難也不難，只要善加努力、非常用心、累積經驗，加上時間的加持，就有機會成為無所不包的海綿了。海綿應如同朱熹所謂——具備博學、審問、慎思、明辨、篤行之人。

執著的心

成功一事，都是失敗換來的，一旦挫敗就退縮，無執著之心，永遠不可能抵達彼岸。

文特說：**「成功無關乎才能，而是關乎是否堅忍。」**文特的話，與熟悉的「有志者事竟成」雷同吧。九成的失敗，大約都敗在功虧一簣，就差最後的一坏土，理論上就是不夠執著，堅忍度不足了。頂尖所指的全是大人物，事實上有很多隱於市井的人，也是我心目中的頂尖者，不可一世，令人折服。

謝粉玉——救樹的勇者

台灣護樹憨人謝粉玉女士，就有阿甘的精神，堅毅不拔。別人視若愚痴，她卻堅信不移，初時連她的三個兒女都不同意，可是這些年來終於懂得這位護樹媽媽的心境。爲了購地安置老樹，她所欠下的貸款何止五千萬，哪兒有樹、她的重機具就到哪兒，與山老鼠、建商周旋，要爲因都更開發而瀕臨死亡的老樹請命，傾家蕩產，背負龐大債務。

現在兒女長大了，開始懂得媽媽的心思，並且加入護樹行列，以媽媽爲榮。家中雖負債，卻很富有，希望有朝一日，可以建構一座老樹公園。這是一項不可能的任務，就因爲艱難，謝粉玉反而更執著、更堅定；她的心念很單純，只因把樹當人。這道理我懂，但很多官員卻不懂，在這個二氧化碳爆量，溫室效應俱增的地球，形成反諷；種樹與愛樹是最美妙的方法，而非只爲節省區區的能源。

二十多年了，她不知救活多少老樹，花了多少錢，龐大的負債壓得她喘不過氣，除非奇蹟，有更多人出錢出力，否則護樹任務終將抵不過財團的蹂躪，成爲金錢主義下的刀俎。是她的執著，讓我們見識到力道十足的韌性。如果人人學習謝媽媽的精神，肯定會成功的，她已然可與被稱爲「綠色革命之父」的波勞格那爲環境奮戰五十六年的精神相提並論。

執著，造就專業

執著一事不僅今人事之，古人也有。先後三次參加鄉試都落榜的李時珍，發誓習醫，接下父親衣缽，費時二十七年終於完成曠世巨作《本草綱目》。這期間一共閱讀一百多種古版醫學經典，幾乎十年足不出戶，潛心鑽研；又花十多年到鄉野林間、崇山峻嶺採集，可見煞費苦心。

被宮刑的司馬遷，化悲憤爲力量，用力寫成《史記》，這本我們耳熟能詳的煌煌大作，窮盡十五年光陰。

班固費盡心力寫就《漢書》，持續二十年；王充的《論衡》，由落筆到完成約三十年；許慎花心思寫出《說文解字》，計二十二年；《西遊記》中的唐僧玄奘，自己也費神書寫《大唐西域記》，共十七年的悠悠歲月。打破水缸的司馬光，有一本偉大的作品《資治通鑑》，則寫了十九年。世界上第一位、也是最有成就的地質學家徐霞客，他的《徐霞客遊記》，是周遊列城，拜訪過奇山異嶺，窮盡三十四年寫成，幾近半生。

宋應星的《天工開物》是一本奇書，寫了各行各業的事，共計二十年才得以成就。明朝遺臣顧炎武書寫的《日知錄》，共計用了二十寒暑。《農書》十五年，《桃花扇》也是十五年。

即使國外，無論哪個領域，只要是爲世人知曉的人，幾乎都是窮盡一生精力，方完成一種學說、一種論述。達爾文的《物種原理》是小獵犬號航行於大海中，蒐集到無數化石領略得來。事實上，這只是專業領域的一角，很多行業、很多事兒，不費心就不成；**專業需要曠日費時，而非指日可待，天底下原就沒有一步登天的事，全是慢速執著得來。**

想做，就要把它做好

日本實業家中內功以爲，**每個人都有責任讓自己的人生變得多采多姿、極富趣味；人類的能力基本上相差無幾，只要想做，任何人都可以做得到。**

半途而廢最要不得，成不成功是其次，發誓想做，就把它做好，若做一半不如不做。**我常請孩子把事情想清楚，真想做了，一經決定，就該義無反顧，千萬別虎頭蛇尾。**在兒女眼中，我算是善人暴君，對他們很好，但堅持的事不可打折；因爲我明白，成功一事，都是失敗換來的，一旦挫敗就退縮，無執著之心，永遠不可能抵達彼岸。

人無志，
如無帆之舟，
不合適遠行。

——無名氏

頂尖密碼

必要的一萬小時

莎士比亞說：「金字塔是由一塊石頭、一塊石頭，堆疊而成的。」這與「羅馬不是一日造成的」、「慢工出細活」，皆有異曲同工之妙。有項研究使我眼睛一亮，結論指出：一個出色的成功者，必要付出的一萬小時省不了；用一萬小時充實自己的專業，才能無可取代，成為領頭人物。

一萬小時？乍聽不多，如果一天以二十四小時計，一萬小時約是四百一十六天又十八小時，但這應該不是專家想說的。這些人多數會天天花一、兩小時於專業的再充電，如果以一小時計，一萬小時約莫就是三十年；以兩小時計，也要十五年。

即使一天用三小時汲取專業，也得用上十年光陰，顯見一萬小時是一段長久的歷程，不懈的追尋。

對照上述，想到經典巨作所花的時間，不禁會心一笑，果真成功必須費盡半生；而三十年，也是一個九十高齡長壽者人生的三分之一。這透露了一件事實：成功真難。

學歷無用的關鍵就在於此，它根本未經一萬小時鍛燒，火侯不夠、精緻不足，難成大器。學歷嘛，頂多考好試、論文寫完，畢了業就完成了。但學問必須精益求精，去蕪存菁、積沙成塔、日新月異，方可成為有學問之人，難度更勝何止數十倍。

如果我在寫作上算有一定成就，請聽聽我如何閱讀。

我養成清晨醒來便閱讀一小時的習慣。至今二十四年，從未更動，即使我再笨，二十四年，也該讀出一頁風采。

兩、三套的閱讀是我如虎添翼的魔法。一是「經典閱讀」，我自認資質非最上乘，時間也不是最多，只能偷取時間下苦功，而經典是捷徑，大師語錄是經過深思熟慮而得，我不必浪費時間就可以如同嫡傳弟子般，從中掠取一甲子功力。大師的一本經典其實遠勝過數十本雜書，可以好整以暇的深讀、精讀。

「主題閱讀」是另一套方略。單一門類無法形塑創意，唯有旁徵博引，方可觸類旁通。我從與心理學較近似的佛學、人類學、民俗學一路下手讀來，越讀越有味，最後竟連考古、歷史、天文、地理、宇宙、極境科學都讀上一年，用於文章上便花樣百出，幻化無窮。

喜歡的書我百讀不厭，全數是我細心挑選。我常流連於茉莉二手書店、誠品、何嘉仁、金石堂、政大書廊與簡體字版專賣店，徘徊在上海書店、問津堂、秋水堂與若水堂之間。排行榜對我來說沒有參考價值，林語堂在《剪拂集》提及氣質論，他覺得作者與讀者本來就是一體，氣質相近者方可能喜歡，進而買書，挑燈展讀。非同一族群者，不可能相吸，往往視若無睹。

一萬小時理應人人有之，而且得用在對的地方、好的地帶。

一萬小時真正意指的是，一段很長、毫不間斷，用心努力的過程。這樣的人不成功也難，他們不靠天分，而是靠毅力。怪不得愛迪生不承認自己是天才，他說天分只有一分，九十九分是努力。提出《相對論》的老頑童愛因斯坦，在物理界的成就無人能及，他也很謙虛地說道，天分只占十分之一，十分之九是努力。兩位哲人不約而同點出：努力才是一切。

挫折不倒

人生不可能沒有逆境，失敗了再爬起就好，最怕的是倒地不起。

擁有光環的頂尖者，仍然挫折不斷，但他們從未開脫卸責，反而積極面對。

文人徐特立說：**「困頓是壞事，也是好事，它會逼著人去想辦法，提出破解之道，練就出人才。」**

頂尖不是一條直線的路，往往轉彎抹角，像極了北宜公路九彎十八拐，必須依靠奮鬥到底的精神。

堅守夢想，不懼挫折

日本著名的文學家村上春樹就是如此。他不擅詞令、不懂交際，連基本的數學都不靈光，可是堅守夢想，眞誠對待自己的人生，終於擁有自己的舞台。

早稻田大學戲劇系畢業的村上春樹，長篇小說《挪威的森林》獲得文藝新人獎、谷崎潤一郎獎，銷售量長久不墜，算是長春作品。可是人生並未與寫作一樣順利，村上春樹則用奮戰不懈的方式解決難題，週一到週六都把發條上得緊緊，特別是早晨上學途中，卡卡卡，擰了三十下，鄭重對自己說，今天一定要努力呀。

心裡懷著一個夢，可是不往前走的人，一定到不了目的地；即使這個夢看似不遠，可是似近猶遠。

書寫《百年孤寂》一書，一舉拿下諾貝爾獎桂冠的馬奎斯，寫作生涯也非一帆風順。他的長篇小說《枯枝敗葉》於一九五五年寫成，卻被數家知名的出版社先後退件，有人甚至附上短文勸其改行，不要當作家，可是他仍堅持不變，繼續往文學的大海航行。

馬奎斯未因吃了出版商的閉門羹，就選擇放棄，否則偉大的文學家就不可能誕生。只有挫折不倒，才有成功的可能性。

羅丹是法國著名的雕塑家，出身於貧戶家庭，小時候成績並不優異，但對繪畫有著濃厚興致，曾先後三次被拒於巴黎美術學院的門外，所得到的評語是毫無才能。這個毫無才能的孩子後來創作了「沈思者」、「吻」、「青銅年代」、「地獄之門」等舉世無雙的藝術品。

他的作品展現巨大的思想與精神魅力，帶給人們深沉的美。羅丹自陳成功之道在於堅信自己，不替停滯不前尋找虛偽的藉口。

擁有光環的頂尖者，仍是挫折、失敗不斷，他們從未替自己開脫卸責，反而是積極面對。

用失敗兌換成就

我在兒子的書案上留過一張小紙箋，教他如何奮鬥到底——

努力的人未必有機會；

不努力者一定沒機會。

「風雨不斷」是平凡人生中最常見的一句話。也無風來也無雨是奢望，苦其心志，勞其筋骨，餓其體膚，空乏其身，方是常態，因而成就了韌性、毅力與堅持到底的心態。

人生常有狂風巨浪，失敗是常態。我讓孩子了解，失敗只有兩種可能：一是自己不夠好，二是他人沒有看見自己的好，無論哪一種都該檢討。

失敗，可能是熊掌，一擊倒地；

也許是棉花，從臉頰輕輕滑過。

失敗未必一無是處，從中可以得到一些經驗，一點竅門；換一個方式、轉個彎，便有柳暗花明又一村的驚喜了。

失敗了並不可怕，怕就怕不知錯在哪？

如實改進，就有機會。

人生的道路沒有一條是平順的；這一條崎嶇不平，下一條九彎十八拐，再下一條可能有懸崖峭壁，不去面對，就永遠在逃避之中。

如果失敗是一種必要，年輕時經驗好呢？或是臨老了再來體會好？

當是勇敢面對。

菲利普斯說得眞好：**「失敗是什麼？它頂多是一個教訓而已，告訴我們缺失在哪裡。」**

不懼失敗要有決心！

布蘭登在他的經典名作《一分鐘的經理人》中提及：**「意圖減去行動等同空想；但是意圖加上行動就是決心了。」**

頂尖密碼

失敗了，再爬起就好

人生不可能沒有逆境，失敗了再爬起就好，最怕的是倒地不起。

我打棒球，也愛打棒球，曾經是棒球的投手，對於我們那年代的球星知之甚詳。我最喜歡的球員之一是楊清瓏，先是因為他揮大棒讓中華隊得分的功力，爾後是他不斷精進，為人處事的德行。

一九五八年生的楊清瓏曾是金龍少棒國手，一路打到成棒，入選一九八四年洛杉磯奧運國手，銅牌戰面對南韓，轟出驚天的二分巨砲，助中華隊贏得銅牌。

後來楊清瓏並沒有加入職棒，早早轉為專任教練，並且回到學校執教鞭，當起教授。

一場因緣，讓楊清瓏成為球評。有一年，他未接到學校的續聘，形同解職，這是他人生的一大挫敗，而且原因不明，還好同年緯來體育台希望他擔任球評，楊清瓏從此走上球評之路。

打了三十年的棒球，自以為很懂棒球，後來才發現打球與講球是不同的，他的行話讓電視機前的球迷聽不懂。他的賢內助以球迷的立場幫他，替他做筆記，只要解釋不清的地方就記下來，讓楊清瓏逐漸修改，期能以「一般民眾」都能理解的方式解說。

不受續聘對楊清瓏來說是一場打擊，但另起爐灶使之有了契機；不當教練的他，反而更有視野高度，更了解棒球。

教練常會涉入比賽勝負，不容易客觀分析，但是用球評的角度看比賽，把自己轉換成客觀角色，修正過去犯的錯誤，就是好的解說者了。楊清瓏不懼失敗、樂在學習的精神，是他可以成為棒壇長青樹的最大助力之一。

Part4 從優勢出發

困難，可以是一堵牆，也可能是一張紙，厚度由你決定。
突破障礙最佳的方策，應該就屬「優勢」，
而它事實上是自然界的本能，每一個物種皆具備的。

人人都有註定的優勢

在馬來西亞演講時，抽空去了一趟國家公園，由行家領隊，親訪自然饗宴。途中導覽員向天一指，看見一種長得極瘦極高的植物，從樹叢中抽出身子來，非常奇特，他抽考我為何如此？我答得心虛，他提點答案，說是為了爭陽光。當有一個森林茂密，無處可接引陽光的地帶，長於斯處的小苗，便唯有奮力抽高，方有生路。

藤類植物更是聰明，依附在大樹上，糾纏延展，吸收大樹的汁液維生也是妙法。

鵜鶘以捕魚維生，是桂林一帶漁民的工作型鳥類，替主人捕魚；而有一種鳥更聰明，專門隱身在牠身旁，當鵜鶘捕食到魚時，會出聲驚嚇，鵜鶘便把魚兒吐出，牠便撿拾現成貨。

每種生物的優勢似乎全有基因密碼，註定好好的，不可能違背。大樹必須行光合作用，不可能依附蔓藤；鵜鶘得自己捕魚，不可能出此下策去驚嚇別的鳥。這些生物特性，與人極為相通，我們不可能從事自己不會的事，人人都得由優勢出發。

優勢不是考出來的

優勢之所以混濁不清，當是我們視之不明，以為優勢是考得出來的帳面數字。但是太多人的優勢是帳面外的，這是我的主張、也是我的信仰，並且將之出版成書——《每個孩子都能成功》（智海出版）。只要從優勢出發、取得關鍵能力，每個人都可在各自領域中開花結果。

建築師安藤忠雄是我心目中的傳奇人物，一個從優勢出發的堅韌代表角色。在尚未成為建築大師之前，他曾有一段時間擔任貨車司機，還成為令人想像不到的職業拳手，留下二十三戰十三勝、三敗七平手的紀錄。城東工業高校畢業的他，未有任何與建築相關的背景，只因喜歡，心中濃烈的熱情引領著他四處旅行，觀賞世界各地的建築風格，在未受正統訓練的條件下，成為舉世聞名的專業建築師，曾經榮獲建築界最高榮譽的普利茲克獎。

安藤忠雄自學建築，給了我很深的影響。我相信，人的身上有一股看不見的引力，會朝向自己最擅長的領域前行，只要不違逆，它便能走向柳暗花明又一村的明亮之界。

朱銘在雕刻上的成就並非來自傲人學歷，而是出於他喜歡雕塑及其本能的優勢。他的作品「太極」，是我的最愛，彷彿哲學家說著渾沌之初的簡單初願，即使出品已久，再度視之仍有感觸。朱銘十三歲學木雕，師承木雕，但深解精髓。一九六八年拜師於著名雕塑家楊英風門下，擅長大型的抽象不銹鋼作品。楊英風鼓勵他學太極，以便強身磨練意志，就在學習太極的過程中，朱銘領悟身、心、力量的來源與制衡，以及天人合一、物我兩忘的哲理，創作了一系列單件及對招的太極作品。

紐約之行開啟朱銘的視野，受美國普普藝術的影響，創作以人為主角的「人間系列」，木刻色彩粗獷，或保麗龍鑄銅，被綑著的人像形態扭曲，沒有臉容，但表情氣鼓鼓的，呈現一股詼諧、活潑、豪放、野性的味道。

繼之受陶藝家陳景亮影響，製作陶魚、陶人，用鑄銅手法完成「運動系列」，朱銘對於自己作為一個「人」，以及一個「藝術家」，最感謝的是大自然。

求學是朱銘的劣勢，可是並未打敗他；雕塑是其優勢，成就了他。也許還得再等些年，才會有下一位偉大的雕塑家誕生吧。

掌握優勢，開心圓夢

上述全是我口袋中的經典人物，被我精心打包載運到各地，利用一年一百多場的演講，彷佛帶劍俠客，周遊列城。我鼓著如簧之舌，隨興問讀者與聽眾：樂在工作嗎？工作帶給人什麼？除了金錢財富之外，工作還有什麼意義？……不同場域中，我幾乎看見同一種景象，多數人嘴角囁嚅，微微顫動，有話想說，卻又說不上來。

原來我們以為，讀書、工作、賺錢，迎接的是幸福快樂的日子，可惜的是，最後的檢驗卻事與願違，工作帶來的苦澀，遠遠大過一切。很少人從讀書考試工作與賺錢中得到快樂，相反的，更多的是煩惱。

為何如是？

也許可以找出一、二個，甚或十幾二十個理由；而未能樂在其中，應該是最難堪的理由。工作如果不樂，連同最基本的價值也就跟著不見了。工作如果不喜悅，為何要工作？

我再問，工作是興趣的人舉手？

空氣突然靜止了，稍稍一點音響，都可能劃破長空，驚出絲絲漣漪。沒有人舉手，這種情況已不止一次，次次回回都是如此，辛苦工作十年的職業，竟非最愛，莫非工作是讓人用來尋苦的。

我再等了五分鐘，空氣依舊冷得嚇人，沒有人喜歡自己的工作。他們終於給我答案——考錯了、選錯了，就一切都錯了。

我們不能依自己的旨趣選擇人生嗎？

這便是我想闡明的道理：「從優勢出發」是圓一個好夢的基本定理，**優勢是每個人的專利，最開心的夢土。**

快樂的我，能在某個領域裡有一點小小的發言權，約莫就是從優勢出發吧。其實我懂的不止一項，我愛唱歌，但出了唱片之後不保證賣得掉；我喜歡製作漂流木的燈，但不知道多少人欣賞；我愛打球，但當不了國手；我喜歡蒔花弄草，但沒有足夠的錢買一座農園，種的花也未必獨步天下；唯一可行、可靠、可信的就是「無本生意」的寫作了，在鍵盤上敲敲打打就會變成出錢來，還真好玩。

如果優勢是捷徑，劣勢應該就是崎嶇不平的棧道，宛如李白詩中所謂的「蜀道難，難於上青天」。

優勢使人生更加精彩

優勢的好處不勝枚舉——

- 事半功倍：有朋友覺得我的時間特別多，彷彿用不完，此言差矣，我只是一個人，不是神仙，沒有時間寶盒可以偷偷取用。事半功倍才是祕密武器，得以用最短的時間妥適處理一切瑣事，讓時間多出來，我便可以四處旅行了。

●**樂在其中**：很多人希望工作即興趣，可是並未能做到，原因有很多，結果卻只有一個，就是苦。但從優勢而行，可就樂了，在工作中取得歡樂、又有錢賺，何樂而不為。

一向愛玩的記者朋友，辭去工作開了一家自助旅行公司，正中下懷，快樂得不得了，吃喝玩樂又賺了錢，不亦快哉。

●**主動積極**：主動與被動是有分野的。做自己喜歡的事，通常會主動，主動做事不僅快而且好，得到的掌聲更多。被動就慘了，明明不愛、不會、不懂，勉力為之，真是何苦來哉？

被動做一件事，只為了一件叫做「餬口」的事兒，人生一定彷若地獄，不可能置身天堂。

●**具有自信**：我與肉粽大王談過粽子，他從餡料談到製作方式與行銷方法，講得口沫橫飛。我也與賽鴿王子談過賽鴿，半天說不盡：鴿子吃什麼，食物又該添加什麼，比賽又該補給哪些營養，都有一套學問。我與民宿主人談圓夢的經驗，話匣子一旦打開，關也關不住，從房子的營造一路述及人生的理想。收藏家樂於與人分享收藏品，音樂家談音樂，雕刻家談雕刻……個個都說得眉飛色舞。

於是我明白了：

從優勢出發，困難是一張紙。

由劣勢啓航，困難肯定是一堵牆。

優勢會使人成為優士，劣勢使人成了烈士。

尋找相應的位置

人生本是一種追尋，每個人都像雷達，放出聲波，以覓得自己的相應位置。位置擺錯了，夢想就非理想，而是妄想了。

音樂家化身數學家、化學家跳芭蕾、文學家書寫宇宙源起……無疑都有些怪怪的，問題不是沒有才華，而是「位置」錯誤。人生本是一種追尋，每個人都像雷達，放出聲波，以覓得自己的相應位置，找到了就成爲達人，找錯了就是廢人了。

我很難想像自己是舞蹈家，一來我不怎麼喜歡跳舞，二來我眞是沒有跳舞細胞；就算努力練習，頂多學到不同手不同腳，演出串場者吧。用它來當成職業，肯定難爲我了。

寫作不困難，原因簡單，那是我的位置，而且我準備好了，隨時蓄勢待發。

即使如此，我依舊得用盡心思，天天閱覽，集合二、三十年心力，方可

駕馭文字，使之如泉一般，汩汩不停的冒出來。

閱讀的門派分成兩類，一是雜誌與副刊，二是圖書。手上伴我最久的雜誌有二——《讀者文摘》與《講義》；這些年來《人間福報》副刊，悄然成了我的安眠曲，入睡前讀上一篇文章，就夢周公去了。

易經的相生相剋之理是我的信仰，我一直在尋找相應的位置。喜歡天文地理之人的羅馬大道在宇宙天地間，可以問天，當個天文學家；嗜好色香味俱全的佳餚，想當大廚師，米其林三星是他的人生方位，願景是悠遊於美食的世界；具有藝術才華之人的理想所在是文藝世界，舞文弄墨有前途，而非物理化學。位置擺錯了，夢想就非理想，而是妄想了。

我的手藝與廚藝兼備，可以煮出一桌美食宴饗朋友，讓人食得津津有味，揚言再來解饞。我聽了得意洋洋，可是如此雕蟲小技怎能與學有專精的主廚相比，兩者競賽我一定落居下風。萬一遇上御廚阿基師，就得拱手讓位；米其林三星主廚往我身旁一站，哈！我就只能靠邊站，聽人家講解美食烹調法。

番茄海鮮麵可是我的拿手好菜，在好友圈中是有名的。料好實在，耐心誠意地費時熬煮，湯頭濃而不膩，麵Q味美，用的是純手工擀製的老麵，友人捧場，湯盡麵空，人人日讚，可我明白那是溢美之辭，鮮美的程度無法與牛肉麵節的冠軍得主「老董」相提並論。畢竟他們是行家，而我只是美食主義者，偶一爲之可也，上不了大場面。

我的設計美學有些口碑，被雜誌喻爲「生活達人」，不算寬敞的住家在我的美學調味下，成了一處可安居的桃花源，燈光美、氣氛佳，環境優雅，充滿十足的人文味。即使我如此勞心勞力，營造出絕美風格，可是要與設計師論起資歷與設計觀點、師出門派，就相形見絀，有點旁門左道了。一相提並論起來，就可見顯著差異：一來是專業，我與之相比可差多了；二來是美的營造，我只算亂中有序。

客戶會很放心交由設計師監造，但不會花錢請我提供意見，我的餿主意，只合適設計自己的家，是個名符其實的設計「家」。但正牌設計師可以設計所有人的家，這一點就大不同了。我給朋友提點意見，人家可不付錢；但設計師用我的想法，同樣說一說、講一講，別人就得端出大把銀子，雙手奉上。

我家的屋頂花園被十本以上的專業刊物採訪過，登上七次以上的報紙，還有多次的電視專訪，顯見我的花園有一定吸引力。它是如假包換，由我這個門外漢設計而成的，儼然是合格的「園藝設計師」，可我心知肚明，事實上非也。我差行家遠矣，當年只是被荷包所迫，存款中提不出園藝設計師要求的金額，只好自己下海改造了。誤打誤撞得出了一些心得，堆累經驗，打造出一座宜遊宜閒宜小憩的妙境。

我的美學觀適合自娱，無法娱人，我只想當作家，不想當設計家。我有一定程度的行銷能力，出版界的朋友懇請我當業務部門的經理，被我婉拒了。那是玩票，並非正業，因爲我相信人人都只有一處相應的位置，一個蘿蔔一個坑，做對了就有契機。

頂尖密碼

有實力，就有奇蹟

斐德伯的話很有意思：**種植荊棘的人，永遠不可能收穫玫瑰**。這使我想及憂心忡忡的老友，有回坐在坪林吊橋的石凳上，他滿臉憂愁的請我建議，如何使唸醫學院的女兒開心讀畢，當個稱職醫生。但女兒說出的話令人憂心：「你的醫學院，我會替你讀畢業。」斐德伯所謂「種植荊棘的人」，彷彿正是這個孩子，且一生不可能收穫玫瑰，這有點不祥之兆，令人毛骨悚然。

醫科是爸爸的夢想，希望兒女完成的人生大事；可是女兒喜歡中文，希望當自由創作的文學家。角力拉鋸三年，父親成了贏家，女兒捨棄創作之路，進了醫學院準備接演「杏林春暖」。

可是她非真心，骨子裡根本不喜歡當醫生，醫學院的表現大不如前，但老友還是希望她頂住，考上執照就沒事了。而我擔心的正是此事：她頂得住嗎？

朋友忘了相應位置的道理，以為醫生勝過文學家，贏過運動者，遠遠超越愛音樂的人，事實上真是如此嗎？

以收入來說，醫師自是不錯，但在同樣等級的頂尖者中，就未必能超過大聯盟的投手與NBA的球星了。這些人往往擁有數億或者數十億美金的身價，可不是小鎮醫生所能比擬。

馬友友的收入很可觀，年度巡迴演奏的價碼大約是我一輩子的收入。朱銘大師的雕塑作品價格，可能是大部分人賺了很久才會擁有的收入，我們望塵莫及。

蘇珊大嬸悄悄崛起，迅速竄紅，出了歌唱大碟、熱銷狂賣，又多了一位我一輩子的收入也趕不上她一片大碟所賺金額的傳奇人物。她的走紅的確是奇蹟，但真正的原因還是實力，沒有它當後盾，奇蹟不可能發生。

奇蹟源於他們全站在自己的位置上，沒有偏離特色、才華太遠，方可累積一定的能耐，光芒萬丈。

優勢就是專利

優勢是相對的，魚在水中，鳥在空中。
回歸自己的天分所在，表現就會亮眼，讓人不得不刮目相看。

情人湖的登山步道巧立一座很有意思的告示牌，上面寫著：「成功是優點的發揮，失敗是經驗的累積。」

這句話看來多麼振奮人心啊。

千萬不要看輕孩子，他們有能耐在媽媽的子宮裡待了十個月，順利跑出來，都叫第一名。

他們只有能力上的不同，沒有能力上的差異。

閱讀一事，對我來說極其簡單，我的腦子有如百寶盒，可以清晰明快的將胃納而得的知識，分門別類置入不同類別的抽屜中，自動取出使用。好讀的我，閱讀速度極慢，但收益極快；懂得門道，抽絲剝繭，讓華光初露，這是我的長處、天生的才華。

舞蹈就不適用這個道理了，我反覆練習電視上流行的步伐，依舊笨得如同呆頭鵝，左腳與右腳交疊，前後不一，旋轉難看，根本不入流。畫圖也非我的專項，大約只合適塗鴉，頂多當個素人畫家。機械使人懼怕，線路、迴路摸門不著，專業不成，如何成爲職業。

兒子是我生的，可是他的優勢卻與我截然不同。背誦的我行，他就不太行了；我不討厭死記，而他堅持活用。記憶力是他的罩門死穴，但運動卻是其優勢，他的身體素質很好，運動細胞不錯，在此領域堪稱資優兒，可以從事運動科學方面的研究，長此以往，應該是專家。這些優勢，連我這個愛運動的老爸也遠遠比不上。

運動一事經我引進門，他已修行完畢，而今所有我會的運動早被他遠遠超越。有一回，我們去海邊閒散旅行，兒子邀我在沙灘上比賽短跑，他說我是短跑健將，有過十一秒多的實力，一定很厲害；我不服老便一口答應，結果跑到腳拉傷，送進國術館診治。哎，歲月果眞不饒人。

我是大人，他是小孩，我都未必樣樣贏他，更何況人生的方向是我們向下沈淪，他們向上提升，根本沒得比。

回歸自己的天分

人人都是資優兒，只要找對路，「回歸自己的天分所在」，表現就會亮眼，讓人不得不刮目相看。

朋友是位深諳教育的人，兒子想當名廚，他二話不說便答應了，陪著孩子走過艱困，他才是眞正「行行出狀元」的實踐者。他並引經據典告訴我廚師的偉大，中國古代有權勢者，其中之一就是廚師，他牢牢抓住皇帝的胃，廚者的器皿之一是鼎，能夠一言九鼎者是天子，因爲他掌握食物的分配，在一個民以食爲天的年代，他擁有最大的權力。其次是宰相，宰者，「宰殺，宰牲也」，是國家的第二號人物，商湯的宰相伊尹，原來就是御膳官，掌管廚事。經他一說，我才赫然明白，原來廚師是大官，大大有地位，乃是聰慧之人。

時報出版公司的《太空船與獨木舟》讓人印象深刻，書中的父親是傑出的天文學家，在這個領域具有獨領風騷的地位，一心希望兒子繼承衣缽，逼著他學習、唸大學，親子關係因而變調，成了死敵。隨著歲月增長，父親慢慢理解個人的不同以及興趣的重要性，漸漸支持喜歡寬闊海洋的兒子圓夢，他就是世界知名的獨木舟海洋冒險家戴森。

耕耘自己的土壤

我是作家、心理學家，兒女未必也是，或者根本不是，因爲每個人的優勢眞的不同，強迫趨於相同，只怕會淪爲失心人。

多年前，吳念眞主持的節目「台灣念眞情」，報導以種香水百合聞名的天山農場錢老先生，據聞他的父親就是鼎鼎大名的原子彈專家。可是因爲戰亂，錢老先生無法接受完整教育，逃難到台灣，成了當年的娃娃兵。軍中一待數十年，他以士官長身份退役，可是父親遺傳下來的科學基因依然存在，他把這種特質運用在花朵的探究上，努力尋找使花朵更加壯碩與香氣逼人的品種，最後成就了一世美名。

父親是科學家，照慣常推理，子女也會是科學家，但他的優勢卻是蒔花弄草，更像植物學家。這便是我的優勢理論：**把特點耕耘在自己可以勝任的土壤上，才得以發揮最大的效果，開出一園青綠。**

優勢是相對的

我看過太多類似的例子，明明是藝術天才，卻被迫學電機；應該是音樂家，卻讀醫學院；天才表演家，讀了數學系；弄得孩子在這項領域中根本沒有成就，最後自慚形穢，一生禁錮，而這些人原都可以前途似錦的。

中文可以當飯吃嗎？這話當問文學家或中文系教授，文化圈裡的人，尤其是作家，靠的不就是中文嗎？

能不能當飯吃，重點不在哪一門派？師從何人？而是有無練就一身武藝。無論何種行業，半調子都不可能成家的。即使是醫生，醫術不佳、醫德不好、胡亂開業，唯錢是瞻，也會被病人唾棄，關門倒店。

教授亦復如是，沒有備課、教得不好、純粹打混，學生會用選課抵制，久而久之，頂多淪爲營養教授，專門用營養分數央求學生。這樣的老師失落心遠遠勝過自信心，不是嗎？

優勢是相對的，魚在水中，鳥在空中。

萬一，魚在空中，鳥在水中，就有點慘了。

頂尖密碼

如何找尋孩子的優勢？

父母多半同意優勢的好處，相信它能造出一片天空。不過，父母卻也懷疑與迷惑該怎麼找尋優勢，什麼才是孩子未來可以依靠的能力？

以下就是可評斷的標準：

● **專注**：專注是優勢的路途之一，一般幼稚園以下的孩子，可以專注十分鐘就算長了；小學中低年級約莫二十分鐘；高年級很難超過一堂課四十分鐘；但是如果孩子可以對於某件事專心逾一小時、兩小時，應該就可斷定那是他的優勢，是值得培養的興趣了。

讀起文學或者與文學有關的書，我可以廢寢忘食；可是要關在一間密閉的實驗室從事某項專門的研究，不必一小時，我就想奪門而出。任誰都可以猜得出來，哪一項是我的優勢了。

● **舉一反三**：具備推理、觸類旁通、舉一反三的能力，就是優勢。但有一些事卻完全不可能如此表現，彷若石膏一樣，是一座靜止的雕像，根本毫無聯想力，就是劣勢了。

舉一反三的是優勢，舉三反一的就不是優勢了。

● **愉悅與痛苦**：表情可以說明一切。做某件事，孩子的表情動人，思慮敏捷、很有巧思，快樂的不得了，那應該就是優勢能力。反之做得很痛苦，找不著切入點，或是根本不會、聽不懂、呆若木雞、很想逃離，大約就不是優勢了。

● **主動與被動**：驅力與逃避是相對的事。喜歡的、了解的、懂的、會的，常有驅力，使人主動去探求；反之，就會逃避了。前者是主動學習，後者會形塑成被動學習。

擁有獨特的本事

每個人都是唯一，都是自己生命中的主角。
只要闖出與衆不同的獨特名號，就有機會成為行業裡的佼佼者。

吉本說：**狂風巨浪有利於有本事的航海者**。

本事有兩種，一是別人給的，二是本能的。

讀企管的，本事是企業管理，這是讀來的，未必能讀出眞本事。有些人天生會做生意，即使不唸企管，生意依舊做得嚇嚇叫，這是本能。

人都需要眞本事，因爲競爭者永遠如過江之鯽，少了以下幾項潛質，就未必具有優勢了。

罕見。

獨創。

特色。

精緻。

東吳大學的新生訓練有新創舉，有幸恭逢其盛，我接了幾堂人生課，與新生們侃侃而談。我設定的主題是「演活自己．演好人生」，重點在於與眾不同，若是與眾相同，肯定難有鑑別度。

找到自己的獨特本事

台中藝術街上有間服飾店引起我的注意，店面並不起眼，款式不多，但是頗有特色。店主人是兩兄妹，以跑單幫的方式進出韓國取貨，分成訂購與自購，訂購的服飾已有貨主，可以放心採購，自購的則全靠銷售功力了。

店主人態度極佳，客人至上，賓至如歸，完全沒有被跟監的感覺，可以很隨興不受拘束的瀏覽；萬一沒有挑上喜歡的，還會問明原因，下回改進，並跟客人說聲抱歉。兩兄妹錄了一片CD，看來是送給有緣人的，女兒得了一片，兩相歡喜。衣服都是店主人精挑細選，很有獨特性。少則一件，屬於孤品；至多兩件，必須限時搶購。

我識得一家骨董店，在經濟不景氣的年代，依舊逆勢上揚，重點也是獨特性。老闆是骨董商，也是大盤商，替同行找尋好貨品，散客只占二、三成，貨櫃一進來，三更半夜就有挑貨的骨董商上門了，不愁沒有生意。他挑貨神準，全是好貨，讓這些人有好生意。

古色古香、氣派非凡的咖啡廳不算稀奇，販賣香氣溢流的咖啡豆也不稀奇，但讓客戶不遠千里來買就很稀奇了。店主人想必有不凡的魅力，足以像大吸鐵一樣，把人牢牢吸住，鐵定是咖啡達人。

我識得這家咖啡店，老闆的生意經就是如此，把每個人都當熟客戶，不分新舊皆當好朋友，端出最擅長的咖啡學。我的咖啡飲用理論很簡單，有就喝，但他口中的咖啡學就有學問多了。我淺學受教，得益極多，適合在日常生活中使用；咖啡香醇，一飲上癮，店中的咖啡豆甘願付錢採買。

汽車保養二十年如一，我從未更改店家。並非這家店特別便宜，或是技術超優、熟客有折扣，而是服務與信任。車子交給該店，我很放心，這是一種心理感受，卻也是很重要的生意經。

老闆會細心讓我了解車子的性能狀態，有問題的地方或是爲何要更換輪胎，這一回如未更換可能發生的後果，以及該避免的動作等。經他解釋，我可以做出最合理的決定。讓人信任的汽車保養店其實不太多，而這是其中之一。

寫作者並非只我一人，書寫教養與生活學的也大有人在，不過我應該是讀者最信任的專家之一。除了專業之外，我有觀點與特色，把讀者當成自己的家人、好友，並非單純寫書販售，而是希望這些文章給人醍醐灌頂之效。

我非文學獎比賽出身的作家，早年投稿還常被退，在用字遣詞這一門，贏我的人太多了。我主修心理學，未必唯我獨尊，有更多人頂著傲人的學歷光環、擁有知名學府的文憑，穿梭在大學殿堂中授課，說我第一，他們一定不服氣。

但是文學與心理學結合，甚至添了人類學、文化學、考古學、佛禪、天文地理等，進而揉搓而出的學問，就是我的專利了。有人說，第一個提出某種看法的叫智者；第二個跟著做的是知識分子；第三個同樣做法的人，就只有常識了；再跟著做就很沒常識了，哪會有什麼本事。

做自己生命中的主角

販賣有機豆腐的阿婆，豆腐鮮嫩好吃，養生健康，吸引人一買再買，可是她在市場一星期只賣一天，輪流遊走各個市場，主顧客只得翹首期待她的有機生鮮豆腐。就生意來說，她很有創意，具備科學的行銷頭腦，真有自己獨到的本事。

報紙登過一個賣燒仙草的人，每賣一碗燒仙草，就會捐出五元做善事，伊甸基金會的奉獻箱置於門口，這種善舉成了獨特的本事，很多人因此而成了客戶，陪著老闆一起做好事。

筷子很平常，頂多幾十元、上百元，超過三百元就屬昂貴之物了，何以有人賣三九九元生意還不差，重點就在獨創，有自己的本事。作者設計一款功能性極強的手機掛飾環保筷，款式精美、輕巧好用，令人愛不釋手，這也是獨特的本事。

醫學院畢業考上醫師資格考，有了執照，當是醫生，可以開設診所營業救人，但未必是好醫生，被稱作「華陀在世」的人亦絕對另有本事。

古羅馬帝國時代的醫生蓋倫說：「一位好醫生要有三種本事，一是語言，二是藥石，三是刀圭；語言用來醫心，藥石醫形，刀圭取病灶。」眞是一語中的，這才是醫生的眞本事。

全球矚目的奧斯卡金像獎，電視機前的觀衆在猜測誰得獎時，我在思考它的意義。衆所關注的焦點是男女主角、最佳影片與導演，而我特別留意其他獎項的得主，他們一樣開心，小金人一樣大，掌聲都如雷……

二〇〇五年，演出電影《登峰造極》的摩根費里曼得到了最佳男配角獎的肯定，記者揶揄他，爲什麼不報名男主角，他倒很幽默：「就因爲演配角，才能獲得這個獎。」

主角人人喜歡，可是有些人合適演配角，配角演得純熟，更像主角。事實上，每個人都是唯一，都是自己生命中的主角，只要闖出名號，就是行業裡的佼佼者。

有本事不稀罕，但具備自己獨特的本事就很稀罕了；**這個世界有許多位置，可是位置卻只給充分準備好的人。**

頂尖密碼

與眾不同做自己

我取出預先準備好的五只杯子置於講台上，四個相同，另一個略高、圓肚、花色艷麗，有一種說不出的特色。我問學生：

那一只杯子最特別？

與眾不同的杯子未必最好看，但真的很不同，非常吸引人，一眼就被看出，形成了聚焦效果。

與眾不同的優勢便顯而易見了。

老吳是一家公司的人事經理，是應徵新進人員的把關者。可是他說找人真難，找著合適的人才則是難上加難；若要找到可造之材，能替公司帶來利潤的，甚至比登天更難。

癥結所在並非人才難尋，卻是太過相像，不具鑑別度，很難辨明，為何是甲不是乙？公司只需兩個人，以前可以從二十件精品中擇優錄用，而今連要錄用的兩個人都找不著呢。

這點令我有些感傷，也頗有同感。編輯太像編輯，法官太像法官，作家都有技法，畫家都懂遠近布局，設計師師出同門，如同武俠小說一般，連打的套路都一模一樣，擺在一起如同孿生兄弟，辨別困難，選擇更難。

與眾不同就不一樣了，這樣的人也許未必最出色，可是最有鑑別度，一眼就明白是他；也許不是最好的，但是很有特色，不是別人，就是自己。

唱片市場最喜歡這種有特色的人，行銷人員可以輕而易舉找到行銷的策略。唱片市場出現過幾位以沙啞、滄桑嗓音著稱的歌手，銷售量驚人；出版界亦復如是，少有例外。

我喜歡老街風情，可以把時空推移回一百年前，而深坑老街離我家不遠，便成了便利之處，有空就去走走。這條街多數商家都在賣豆腐，每家店都成了敵人，請了尖兵，立於街上，吆喝生意，即使是鄰家，久而久之也應該沒什麼感情可言了。

有幾家較特別的，賣些茶葉、古傢俱與二手衣服，而最特別的是一家賣魚丸湯的店家。同樣是做小店生意，它不必哄搶客人，彷若姜太公釣魚，願者上鉤。很多客人用完餐後，另帶一、二斤新鮮現做丸子回家，它成了獨門生意，只因獨具特色。

宜蘭的傳藝中心也有特色，長長一條仿古老街，家家販售不同的藝術作品，旅客往往興味盎然的把這條街尋訪完畢，不想錯過任何一家店，因為它們也都與眾不同。

Part5 各領風騷的頂尖者

讓孩子學會堅持做喜歡的事，把自己發揮到最好。
做自己會的事，而非別人要的事，
並用本事贏得自己的位置，就有能力與機會掌握人生！

頂尖意指「真才實學」

鮑星索夫曾說：「要相信自己，對自己有信心，那麼許多事情就會變成可能。」

頂尖並不一定就代表學富五車的知識分子，它是任何一個人的專利，真正的意思叫做「真才實學」。

我早認識這兩位兄弟，在微風細雨中顯得更加悽愴。兩個身影，天天背著灰色書包，腳步急促，一前一後走出家門，目標是圖書館，這樣的生活模式至少有十年了。他們全是高學歷，一位留美碩士，一位留英博士，可是四十多年以來，卻沒做過什麼利於家裡的事，可能連一分錢都沒賺過，讀書成了唯一的工作。

鄰居心急，問他們要不要乾脆找個大樓管理員之類的工作，只聽見一聲長長的，帶著不屑，幽幽蹦出的嗤之以鼻的氣音。他的確該不悅，讀了那麼多年的書，只讀到一個大樓管理員，他當是生氣的。可是不做這些活兒，能活嗎？對於讀書，他們是頂尖者，可惜換成工作、賺錢，就成了別人眼中的遺珠之憾了。

相反的，一位高職畢業的友人，學美工出身，身懷美學絕技，作詞作曲一手包辦，可就吃香了。最穩定的收入是美術設計，在家接案，工作自由、畫工一流，設計不錯亦得過大獎，許多相關的工作自動找上門來，忙得不可開交。

多才多藝的他，能吹奏多種樂器，主持大型晚會難不倒他，說說唱唱之間添得了副業，考上街頭藝人執照，偶爾在漁人碼頭客串走唱，過著愜意人生。

另一位友人也是高中畢業，喜歡玩樂，爬過百岳中七十座大山，成了知名的高山嚮導。很多人指名他當引航員，他的最大能耐在於奇花異草皆知，山中傳奇也懂，雲霧間的傳奇故事懂得更多，而且幽默風趣，讓那些愛山的魯肉腳，佩服得五體投地。一傳十、十傳百，個案接不完，他是山中挑伕，但言談之間真像博物學家。

他們兩位都沒有高學歷，但有一技之長，而且學得精通，照樣火紅，成為別人爭相指名的對象，這就是頂尖者了。

「高學歷被冷落，低學歷吃香」，這兩件事讓我有了反思，終於明白，人生應該有三座意義不同的金字塔。

成績金字塔

第一座由分數決定，是「成績的金字塔」，這座金字塔意義鮮明，寫著優勝劣敗的道理，成績好的選擇多，成績差的選擇少。我們一直深信，頂尖者是站在成績頂端的雲霄人物，大人於是脅迫孩子賣力往上攀登，務必登峰造極。可惜有些人半途就跌落下來，有些人氣喘噓噓爬上了頂巔，才發覺高處不勝寒，未必處處宜人。

「成績的金字塔」被誤以為是屠龍術，其實它只能做簡略的「職業分類」，某種分數選某種科系，以後便從事某種工作，至於勝不勝任，做得好不好就另當別論。

至少我明白，考上物理系的人，未必是出色的物理學家；考上醫科的人未必是優質的醫生；當上教授者未必懂得作育英才。其間還需要很長的養成，甚至與另一組同質性極高的人比出高下，勝出者方是贏家。

一流的體育選手不遜於三流醫生，這點我們心知肚明，不信看看王建民、郭泓志、麥可．喬丹就知道了。但以成績論斷，兩者卻不可以萬里計，醫科生怎麼考試都是贏家，**但贏在成績的人未必贏在人生**，這點值得反思。

興趣的金字塔

第二座金字塔由喜好、品味決定，我叫它「興趣的金字塔」。**分數決定「高下」，但興趣決定「天下」**。同樣一個人，同一種分數成績，可以做出不同決定。我的一位友人，若依聯考的分數足以考上醫學院，爾後當一個日進斗金的醫生，但他逆向思考選擇了植物系，填上第一志願，這在當年可不簡單，被媽媽罵到臭頭，卻也給了他一生的幸福。這位農業專家，天天蒔花弄草，看山看水，家中庭台樓閣添得浪漫，賺了錢，兼備幸福。

興趣是一種很有趣的元素，足以令人如虎添翼。它是另類的金字塔，是讓人在某一領域中獨領風騷的寶貝；它可以給人信念、韌性、堅持與執著等特質，讓事倍功半轉成事半功倍，前途似錦。

自我的金字塔

最後一座金字塔在你我手中，由自己決定，稱為「自我的金字塔」。每個人都有優勢與劣勢，我常常以此反思自己：**我都是優異的嗎？**

其實未必，除了心理學與寫作之外，有太多元素在我身上是多餘的、乏善可陳，有些甚至屬於末流、後段班。我的第一很少，第二有一些，有很多第五、第八、第十六，屬於八流、九流，用這些後段的能力與人拚搏，分明是自找苦吃，毫無勝算。

每個人都有三座金字塔，也都擁有頂尖的能力與不入流的才華。這些年我的觀察發現，我們常用自己的非專項應對人生，這才是盲點之一，於是演成了事倍功半。明明很容易，卻做得很吃力；很想做好，卻做不好。

分數是不可靠的，唯獨興趣與自己，才能使人迎向藍天。

頂尖者似乎都不靠天分，而是靠興趣，做自己喜歡的事；靠努力，用時間歲月完成之。頂尖也沒有形制，有大人物，也有小人物，更多名不見經傳的鄉野凡人。以下就有各式各樣的頂尖人物，足以說明我的想法。

他們全是高人

頂尖絕非知識分子的專利，只要學有專精都堪稱頂尖者。有能力者，就有機會掌握人生，而非被人生掌控。

頂尖絕非知識分子的專利，只要學有專精都堪稱頂尖者，在日本則稱爲達人。我見過的生活達人不計其數，個個都非凡，値得一書。

應邀去馬來西亞演講，十五天中辦了十五場講座，眞是疲憊難當。忙裡偷閒，在馬六甲古城閒晃，巧遇一位街頭畫家，黝黑的皮膚，炯炯的眼神，堅毅的信念，讓我很難忘懷。他的畫很有味道，攀談得知，他留學英國，曾於大學執教，卻自知貪閒、不善教學，怕誤人子弟，因此辭職遊唱、賣畫維生。他很重視這份工作，相信只要畫得好，客人喜歡，就有飯吃。

我們相談甚歡，他本不收取買畫錢，我執意非給不可，最後打折成交，他說會寄禮物來台灣感謝我的知遇。我未置於心上，一個月後，果眞收到他寄來的禮物，打開一看，是幅更精心創作的畫，我小心翼翼取出加以裱框，結果框比畫貴。

不當大學教授，演一個日薪不定的街頭藝人，何苦？他覺得自己不合適在殿堂中執教，會誤人子弟，可是街頭行腳，卻很合宜，像他自己。

他自謙教得不好，但畫得不錯，於是選了後者，人生就不差了。

東莞繪畫村，是一條以賣畫聞名的街坊，多數是工匠畫，採訂購形式，畫些客人喜歡的作品，但也有些隱身的畫家。在交錯的街之間，我被一幅淡淡的水彩畫吸引，濃濃懷古風，很有老家宜蘭的鄉村風味；柴門、老牆、稻草人，雅致非凡。同行的友人出價砍殺，他不愛理睬，冷冷回應。去去回回好多次，最後友人很沒骨氣的取出口袋中藏著的人民幣，買下這幅很有味兒的水墨畫。

雲南大研古城記憶猶新，令人難忘。這座風韻猶存的千年古城，石牆、石椅、石階、石道、石子砌成的河道，樣樣風塵僕僕，卻也別有風情；我一個人獨行其中，彷彿古人，差一點相信前生就是古城裡的人。

古城有古音，據說來自大唐，絲竹琴瑟拉出弦外之音，我側耳聆聽，閉目養神，有如回到唐朝那古老強大的年代。我其實未住上幾天，卻日日閒散徘徊，不想回家。有位年輕雕刻師父隱身於街的一角，店面不大，掛滿他的作品，售價不貴，但有心。生意不錯，觀賞的人多少都帶上一個，我問他喜歡雕刻？他答稱非常喜歡，因此不想去大城市，只想守住古城，攢點錢，過日子呀。

好一個「過日子」，的確，人生不過是過日子而已，有能力者就有機會掌控人生，而非被人生掌控。

古玩含藏著時間，悠遊其中，常有今之古人的感覺。古玩不宜沈迷，其中眞假雜陳，稍不留意就上當賠錢；從事買賣風險極大，浸淫其中也是風險處處。我旅行途中結識麗江一位古玩商，聽音辨眞假很有能耐，客人帶來一大袋的古龍銀求售，他能在幾分鐘內辨出眞假，眞的留下，假的退回。

沒有這種能耐，就別走這一行，否則血本無歸呀！這是他的肺腑之言，客人看走眼，就損失個一兩回吧，若店家常看走眼，就等同蝕老本了。

這些人的生活稱不上優渥，但也不差，因他們全都有點本事，在藝術上有些天分，優勢明顯，據此餬口，不是難事。

頂尖密碼

考試殺人！

考試真像滿清十大酷刑，把人五花大綁押上行刑台。讀書考試的歲月極長，長到足以使人只重視記憶力，卻忘記獨立思考的能力，是非善惡與自我學習一併流失。

這件事不止我一人憂心，洪蘭教授心疼、林火旺教授火大，很多遠見者一直在思考對策。官員們聽見了，也有一些改變，可是多半僅止於制度面，很少觸及心理面，本質上依舊是酷刑，大人們只願在刑具與刑期上讓步。

「快樂學習」一事，看來依舊遙遙無期，在雲深不知處。考試真是魔道，再不改變，人只能在畜牲道中輪迴，一輩子做牛做馬了。考試的壞處真的罄竹難書，一夜說不盡。

考得很苦！

考試考得讓人灰心喪志是事實，它讓會讀書的人很苦，不會讀的人很悶，這兩種人都想逃，找出口。

出口有兩種，滿出來的叫宣洩，混黑幫、做壞事、傷人，他們在一個地方得不到第一，在另一個地方贏得桂冠。吞進去的叫自傷，輕則憂鬱，重則燒炭。

傷人、傷己的，全是苦惱之人，考試一事居功厥偉，出了一定的醍醐灌頂之力。一旦考出憂鬱，治療都來不及，何來成就可言。

考出絕望！

考試如果考得讓人什麼都會了，也就罷了；烤焦了，就慘了，考試烤焦人的機率算大的。

我修習心理學，明白考試不是成就指標。考試只要會了就可以，但人生要懂，一種了然才行。重複做一件無聊的事，由小學算起，到高中共計十二年，一直在進步、退步，考好、考壞，在獎賞與責備中度過，任誰都會疲乏的。小時候不明白的事，大了總會明白，考真是「烤」呀。

考得很累！

天天考試，「無所不考」是常態，怎能不累？

我親眼見過幾個高中與國中的學生，連上學都舉步維艱、步履蹣跚，我無法想像，一個天天睡眼惺忪的孩子，如何能演好人生。

朋友的兒子留英返國，因為太累，做什麼事也提不起勁；不想幹了，晨昏顛倒，三十五歲還在吃飽等死。我的朋友拜託他好歹找份工作，他卻聽者杳杳，連理也不理，因為他已讀到胸無大志了。

考出自卑！

考試如果未考出自信，便很容易考出自卑，把人推往地獄。

考試一直扮演隱身殺手，偷偷摸摸砍人一刀，因為有考試，就有勝負得失，父母表面不講但骨子裡在乎，這些壓力全數移往孩子身上，只能努力拚分數，無法快意演人生。

贏的人上台，可是上台的人心慌。

輸的人下台，下台的人怨懟。

考試沒有提供孩子陽光的人生，而是敵意的未來。

怪不得大教育家葉聖陶說，華人教育的最大問題就是考試，以考毀智，再以智毀體，人於是變得不經用了。

如果不考，多好，那就沒輸沒贏。

也許人可以活得快樂一些，精神抖擻一些、自在一些、如來一些，應該就不會吃飽等死。

因為不考，就有空檔學他想學、樂趣十足的；恆久不變，久而久之便精妙了；成了行家，焉有不樂在其中之理。

繞著魔法想辦法，無濟於事。考試已經使人著魔了，竟還有人建言加考英聽、英語會話？這些人大約還耽溺在英文可以與世界接軌的泥淖中吧；亞洲國家裡，英文最差的是日本，行走東京街頭，想找人用英文問路比中樂透還難，但它卻是最能與世界接軌的國家之一。

哎，日本靠的是迷炫的菜英文？還是精彩的軟實力？

達人萬歲

成績屬於外在智慧，天分是贏家，背了就會；
優秀是內在智慧，必須慢工出細活，難度極高、耐心要足，還得有所堅持。

「要做就做到最好。」是瑞士人教孩子的一句尋常話，但往往可以決定孩子的一生，給人美好。

「達人」大約也是這個意思，指陳某個領域裡的佼佼者，無法取代的人物。

老一輩的人常反問我們：「你有什麼本事？」的確如是，我父親也如此提點過我，老人家不厭其煩問：本事在哪裡？

霍姆茲說：**「世界永遠張著手臂歡迎有才能的人。」**可惜我們硬是少給孩子如此重要的資產。

本事是什麼？

我用力思考，想出了幾個條件：

很有口碑。

無可取代。

非常獨特。

做自己的事。

擁有決定權。

果醬達人顧瑋的專訪，使我心中的迷惑頓解，悸動浮現。她就讀台大生醫所，與果醬有一點點很微小的關係，卻在果醬的世界闖出一片天，最大的能力當是堅持，因而有了口碑，在網路上口耳相傳。她把學校教的知識，化約成果醬的學問。

木頭馬丁與亞尼克

網路只是幫手，口碑才是實境。

木頭馬丁（註1）是我從朋友鄧志浩口中得知的人物，之後透過網路與部落格，慢慢理解箇中玄妙，明白他的口碑幾乎與他的母國瑞士鐘錶一樣，就是要精準。他堅持做到最好，否則就不必做。

他的作品，讓我理解幾件事：

很有創意。

很有質感。

很有風格。

還有，很貴，但値得。

他的每一件傢俱都有自己的味道和用心，而且訂製過的顧客會再回來，替他宣傳、營造口碑，這才是厲害之處。

馬丁先生用的是腦力經濟，用口碑創造客戶，與我長期以爲用勞力賺錢的經濟主張截然不同。

微醺的記憶中也少不了「亞尼克蛋糕」，因看海偶遇，意外發現偏遠的海濱小鎭，怎有一群人相約似的，不約而同到了一家店，就爲了買些尋常的、在台北街頭也不難買著的蛋糕？

好奇心驅使，我也下車排隊，買回家試吃。

果眞不錯！上網一查方知不得了啊，是一家發跡於小鎭念舊的名店。它的味道特別之處在於很容易挑動味蕾，一吃再吃，怕胖的就慘了。

這樣的店無須廣告，我在網路上至少閱覽過成百上千的介紹文章。店家沒有付半毛錢，我卻心甘情願寫在書中，老闆可能不知情，但我的確替他做了廣告。

這些人做的事都很尋常，並非獨門事業，且都有競爭者，何以能永續經營，屹立不搖？這就是關鍵所在：**他們都在做自己會的事，而非別人要的事，前者自己是主導，後者別人當主導**。

每一個行業都需要人！

這句話並不精準，應該是每個行業都需要「優秀的人」，直接探問「優秀」兩字。

成績優異與優秀，其實有著十萬八千里遠的距離，不可相提並論。成績是課本內、考卷內的事，而優秀則是考卷外的。

成績屬於外在智慧，天分是贏家，背了就會；優秀是內在智慧，必須慢工出細活，用時間烹調而成，難度極高、耐心要足，還得有所堅持。

達人一定有位置，這些人具有「魅力荷爾蒙」，超有吸引力！

・註1：木頭馬丁，請見http://www.charlietai.com/martin/index.html

頂尖密碼

學歷非能力

艾略特在他的《四重奏》中提到：「在我的開始裡，包括我的結束……在我的結束中有我的開始。」

開始、結束，結束、開始，這一刻，我們的確該認真反思傳襲了千年，一試定終生的制度。

《科舉》一書的論述說服了我，讓我不再一味持否定意見。誠如作者所言，制度的呈現一定有正反兩面，如何守優棄劣才是關鍵。科舉之所以舉不出良才，並非出於制度，而是源自方法與視野。唐朝可以找出良才，使其文治武功兼備，便是採行多元化舉才，八股策士只能考出僵化不知變通的人。

舉才有如千里馬遇上伯樂，才能各得其所，發揮所長。**芬蘭、德國之所以讓人稱羨，便在於把人人都當人才看待，成就了有素質的教育。**

素質？

一種無可取代的專業，能讓人眼睛一亮。

朝此方向思考，我們的教育的確是失敗，訓練出來的人，漸漸做什麼不像什麼了。

但，讀書如果讀不成專業，幹嘛費盡心思來讀？怪不得，有人會質疑，買學歷與讀學歷無異，為何不能用買的？學位等於紙張，何需花了十幾二十年，百萬至千萬，買得學士、碩士、博士，人人想得高學歷，便有人販售，學校紛紛改名為學店，大學便成了「大學店」，它不再作育英才，而是改售文憑了，一張紙可以賣百來萬，多賺錢呀！誰不嚮往之？於是人人被教成了一棵有名無實的空心樹。

這是科舉取士的最大悲涼吧。一輩子八十年，我們花三分之一的光陰求取一個功名，最後只贏來了崔健所唱的「一無所有」。不是悲情，那是什麼？

身邊的優秀者

他們並非什麼知名人士，也未在某個比賽中得過獎，
就像一個小人物，堅持做自己喜歡的事，而且做得不錯。

智者以為，**天才就是把自己發揮到最好的人**。

因為不可能有人天分超卓，什麼都比人強，那是神仙不是人。所謂的強者，通常只會他會的，而非什麼都會；如果這個理解是正確的，所謂的天才就比比皆是了。

我為了讓家更像平民豪宅，而非只是「好窄」，花了一些心力，尋找可幫我忙的助手。木工場（註2）的毛家適時出現，幫了忙，拿出看家本事替我圓夢。師父的作工細膩，價格合理，尋常百姓付得起；加上特製的陶瓷貼片，鑲嵌在木頭上，更顯質感。

他們並非什麼知名人士，也未在某個比賽中得過獎，就像一個小人物，堅持做自己喜歡的事，而且做得不錯；當我需要時，他們闖進了我的世界，

幫我一把，如是而已。

一盞亮彩燈足以改造家的氛圍，說的一點也沒錯。我的家就因傳說中高貴的「帝凡尼」燈入住，添得美意。

它來自歐洲，載著風雅美譽，但夢裡尋它千百度，就是不知身處何方？有一回，演講完畢，用完午餐，意外在士林芝山岩附近的燈火闌珊處巧遇，老闆開出的價格平實，我心動繼之行動，從行囊中取出白花花的銀子買了回家。置於床頭，點亮後氛圍絕妙，開心極了。它是由高溫燒製成的亮彩玻璃燈，夜闌人靜、萬籟俱寂時，將所有燈關上，只留一盞帝凡尼，浪漫便不由自主流曳而出，讓人溺在沉思中。

老闆是尋常生意人，交易熱絡，箇中原因在於態度。他不厭其煩的向客人解說，並且容許我的狂想，爲我訂製款式，如期交件，眞感意外。

一盞胡思構想的燈，竟然有人替我圓夢，把美鑲嵌在燈柱上，簡直不可思議。這個美學主義者是「胡桃樹生活館」的老闆張文賢先生（註3），色彩繽紛的帝凡尼常讓訪客驚艷。

屋頂花園是我的休憩之所，休養生息的地帶，在此怡情養性。美麗的花木，一部分是鳥的野種，另一部分購自花市，店主把蒔花弄草的心得，化成一盆盆幾十元、數百元的花木賣給我，讓我家變得花團錦簇。一百萬元我沒有，但一百元我可多得很。

古玩民藝品曾是我的最愛，花了一點錢收藏，不勝枚舉，美極了。有一部分得自具有鑑賞能力與美學基礎、一眼就能辨知眞假的骨董商人之店，我花錢買來讓家生色。

浪漫的民宿，令我印象深刻，宜蘭鐘錶博物館（註4）是其中之一，它位於宜蘭交流道下不遠處，是我國中導師游騰守先生的心血，一千多座老鐘穿梭一、二百年，屬於頂級的民間鐘錶館。

民宿經營需要專才，有熱情，懂得服務，說難不難，但也不易。民宿若能使人流連忘返，定有巧妙之處，這便是專業。而它卻發生於近在咫尺、隨意可見的一個人身上。

・註2：木工場，請洽毛敏志小姐29103143、0918467253
・註3：聯絡張文賢先生，請洽28353920、28349580、0910067365
・註4：宜蘭鐘錶博物館，請洽0989093590、(03)9380079、(03)9309714

頂尖密碼

往天賦前行

著名小說家沈從文的文字帶著淡淡幽香，其《邊城》一書（聯經出版），我不厭倦似的一讀再讀，極為好看。沈從文由於家貧，自幼沒讀過幾年書，即使上學，也常逃學，自比為專家，在荒郊野地，讀一本天書。

沈從文才華洋溢，受蔡元培欣賞，特准他在北大旁聽，聽出學問，也聽成了教授，留下來作育英才。

自然觀察家羅斯查德女士，是位失學者，十七歲正式入學，未取得任何文憑，卻是全世界最知名的跳蚤研究專家。她觀察超過五百種以上的跳蚤，收集三萬種以上的樣本，苦心讓失落已久的喬塞野花重回英國，發現蝴蝶是借由選擇性覓食來逃避天敵。她在海洋生物學、化學、藥理學、園藝學等都有卓越貢獻，一九八六年，牛津大學特別授予榮譽博士。

小津安二郎是日本當代最出色的導演之一，曾執導《東京物語》、《麥秋》、《晚春》等名作，號稱日本最後的天才。

小津的電影非常藝術，解構人生的見解非凡，淡雅中散布感動。這位電影界的天才卻是中輟生，聯考兩度落榜，迷上電影、常常蹺課，是學校的黑名單。

黃春明老師自剖，高中生涯是在流浪中度過，而流浪的理由是退學、退學、一再被退學，勉強才從師專畢業。但他的鄉土文學小說，卻是台灣的經典之作，他也成為重量級人物，由佛光大學授予榮譽博士的冠冕。

他們皆是某一領域的失敗者，但是往天賦一路前行，就約莫很接近成功了。

小人物的大智慧

有些看似無用的，反而最有用。
逆勢操作，各自用本事讓自己有一定的位置。

背著行囊在市集中閒晃，意外發現，雜亂的環境中臥虎藏龍。

筊白筍的販售者，算是狠角色，生意興隆，攤子前堆積如山的筊白筍，與客人談笑風生，不消兩小時便可賣得精光。

我理得訣竅，原來採買者全是信任他的主顧客，等待一星期的這一天，衆人訂下「筊白筍日」，期待由他帶來的人間美味。

筊白筍口碑是他自創，爲了找尋美味，他花了比別人更多的時間探訪，覓得天然湧泉出口處，環境佳、水質好，栽種出的筊白筍，鮮嫩如梨，吃上癮的人全成了主顧客。

有位魚販，我從他還是年輕人時就一直買到他成了中年人，十多年來，堅貞不變，百分之九十的食用魚全出自他的攤子。他的獨特魅力在於誠懇、細心、風趣、有禮、服務周到，把客人當成家人，做最好的把關者，不准加藥的魚進入客人肚裡，向他買魚，心安指數一百。

與之相熟多年，他常把少污染的深海魚暗藏給我；某些魚盛產的季節，他會告訴客人值得一買的理由。他的攤位上婆婆媽媽一大堆，都是不離不棄十多年的老朋友了。

市場擺攤競爭者太多，需要爾虞我詐，但社區中只需服務，他便成爲賣魚天王，賣出一片天，至少一家人不愁吃穿，十二點以前售畢回家。

我孤陋寡聞，不知台東肉圓的名號，應邀至台東大學演講後，主辦單位邀我嚐鮮，我不忍推辭，沿途他們與我開玩笑，要我誠心祈禱，可惜我不信邪，一笑置之，結果眞的向隅，老闆收攤了。

肉圓店的行銷之道很簡單，料好實在又新鮮，老闆晨曦初露便出門採買，取餡，裹粉，小憩一會。下午二點開賣，老饕魚貫上門，大約四點左右悉數賣光。這些人未必讀過什麼書，但在自己的行業裡卻是一位不折不扣的頂尖者，決定客人上不上門，他們有門道，寫著「芝麻開門」。

宜蘭的「林場肉羹」遠近馳名，味美價廉是首要守則，料好實在則是公認的，一碗肉羹滿盛得湯汁溢流了下來，讓人不得不佩服老闆的捨得，客人

一個接著一個，從不間斷。

老闆提供最好的內餡，卻只收最少的錢，薄利多銷，建構了長長的生意長河，從第一代交給第二代，客人依舊不散。

台北木柵市場有攤鹽水雞與甘蔗雞專賣店，幾乎天天大排長龍，等著老闆風塵僕僕從宜蘭大湖把剛煙燻好的雞火速載往台北。我排隊其中，聽見客人一再垂問，到了沒？今天會來嗎？還有多久？殷切期盼全寫在臉上。

通常九點半會抵達市場，十一點多就賣光，再驅車返回宜蘭。老闆也許書唸得並不好，但懂得如何把雞做得好吃，口感絕佳；原是放山雞，客人一吃上癮，成爲主顧客。

營業時間不算長，大約只有二小時；準備時間一定很長，他採用好的料理方式，贏得客人的心，天天往返宜蘭台北，生意興隆，看來業績會長紅下去。他在這一行中，是頂尖的佼佼者。

這些全是小人物，社經地位不高，賺錢不易，但逆勢操作，各自用本事讓自己有了位置，賺得錢財。他們只需與同行相比——牛肉麵者，他屬第一；甘蔗雞這一行，他是泰斗；賣魚一行，他最有口碑；種花一門，他獨領風騷……這就夠了。上下兩界不可能相比，上界的醫生、科學家、作家、老師教授……各自廝殺，依舊遵循優勝劣敗的守則，贏者自信，敗者自卑。

小人物未必賺得大錢，但賺閒也不錯。

賣牛肉麵的老闆說，收攤後，回家休息睡覺，等著兒女放學，運動打球騎單車，偶爾去海邊吹吹風，躺在草原觀星望斗，非常愜意，一點都不遜於檯面上有名號的人物。反而那些知名人士，表面光鮮，卻活得如狗，看不出人生有何亮彩。

教授帶兒子旅行，小船在宜蘭冬山河中輕泛，巧遇撈垃圾的船隻，教授當場給兒子機會教育，指著泛舟的工人說道：「沒有讀書，以後就會這樣，穿梭河中撈取別人亂扔的垃圾。」兒子回答得很機智：「如果沒有他們把冬山河的髒東西清掉，我們也不會來吧。」教授聽後語塞。

莊子寓言中的「無用之用」正有此意。

有些看似無用的，反而最有用。驅車前往風情萬種的海邊撿拾漂流木，製作燈具，有人問我，撿拾標準是什麼？最沒有用的，在我心目中反而是紋理漂亮的華材。材質一流的，早被有心人挑走；剩下的殘木，經過風吹日曬雨淋與海的淘洗，盤根錯結，更合適當燈具。

看似無用卻很有用，值得反思。

頂尖密碼

贏來決定權

頂尖的人才擁有決定權？這是事實，但有小小的語病。有人疑惑，難道只有頂尖的人才可以決定人生嗎？不過當這些人明白我所指陳的頂尖是行行出狀元，意見就消失不見了。

即使只有一點薪水，卻能把生活過得閒散優雅，便堪稱「頂尖者」。有位浮潛的伙伴就有這種不凡功力，稱不上高薪者，也沒有社會地位，不是名流，卻可以經常偷閒縱情於山水之間，把人生演得很細緻，這種人的確令人欣羨。他的頂尖之處在於「哲思」，很早就明白人生是一種來去，一條單行道，去了不回，於是懂得活好每個當下。

他還知道，**錢只是媒介，引領他通向人生最美之處，是前往夢想核心的通行證，必須好好善用之，絕不辜負自己。**

退休後，他大張旗鼓，把玩當成核心，帶著一群想玩的人四處遊山玩水。我建議他乾脆把玩當工作，一方面教人玩，另一方面得點盤纏。他覺得可行，積極籌畫中。也許有一天，會聽見有人帶領特別的旅行團隊，與我共同主辦「溯溪講座天地團」、「浮潛開講團」、「皇帝殿人文講座」等，肯定很有趣。他並非有錢人，卻可以決定人生，至少截至目前為止，人生都在他手中，他可以決定去向，天天過他想過的日子。

閒行北京房山，遇見一位中年藝術家，同時間我們的人生有了交集。他也在山裡旅行，工作累了，背起行囊，四處飄泊，行囊空空就打道回府，努力工作賺進一點盤纏，又繼續人生旅程。

很多人羨慕他的生活，但他以為人人可以過這樣的日子，重點在人生哲學。他以為錢不是最重要的，不想人生只此一件事，名字叫工作。他會工作，因為錢不會從天上掉下來，卻不會一直工作，他明白錢的寶貴之處，在於可利用它來體驗美麗人生。

經此一說，我也開悟不少，那是二十年前的事了。我把它當成種籽藏於心中，慢慢發酵，成為人生哲思。我漸次懂得，**頂尖者多了自己的意見、獨到的看法；其次是生活哲學，不要把錢看**

得太重、太寶貴，就可破繭而出，添得自由空間揮灑。

當年離開待遇不錯、工作多年的職場，朋友全不看好，為我捏了一把冷汗，以為我只撐得上一年。未料我筆直向前，頭也不回，就在於我相信錢不是人生最重要的東西，不必為它而活。

我相信專業者有飯可吃，早早明白「失業」一詞在某種程度上代表不專業、不夠好、不夠頂尖；而我必須花更多時間，讓自己有一點位置、小小的口碑。即使我現在悠閒度日，依舊不荒廢專業，天天保持一小時的閱讀，完全不脫節；我甚至知道，專業不是說說而已，不只是表演，而是真實力。

讀者看出我的誠意，知道我對一本書的慎重，把書友當成伙伴，真心替他們解決難題，如此一來，書友就愈積愈多，成了等待者、主顧客。我的專業有了後盾，就不擔心失去位置、沒有市場。**專業不是憑空捏造，而是努力所得，愈是頂尖就愈有位置，可以做自己的決定。**

反之，就是被人所決定了。

人人有舞台

只要是佼佼者，鐵定有位置；哦，還沒有位置？那一定是還不夠頂尖，那就加把勁吧，世界將會送給那個肯努力的人。

頂尖者一定有位置，但他未必叫做知識分子。每個人都能頂尖，本事在你我手中。

菁英主義，是傳統設下的可憐圈套，莫名其妙的讓人深陷其中，忘了他人的價值。事實上，我們都是凡夫俗子，只站在舞台角落，演自己的一片天。

牙醫診所不可能由一名醫生獨撐，護士是配角，很多事需要由她操作，掛號的是她，傳遞工具也是她，預約下回看診時也非她不可。蛀牙需更換假牙，複製模型的是專人，量身訂做假牙的又是另一人，想像一下，若牙醫診所缺少這些人，還能營業嗎？

我不是外科醫生，但起碼看過「杏林春暖」、「急診室的春天」等影集，明白開刀手術絕非獨立作業，一群人各司其職完成任務，稍一閃失都不成，否則鉗子可能在病人的腹腔找著，肚子裡多出一隻「雞腿」了。

牛肉麵、大飯館、修理車輛、水電工人、傢飾店等行業，很少是獨立成事的，至少兩個人，更多是三、四人，五、六人。後場是廚師，前場是跑堂；老闆批貨，銷售人員把傢俱賣出去；一個很有眼光的老闆買了一批好東西，萬一遇上不懂銷售的店員，可是會血本無歸。

辦演講需要創意、專業，非頂尖者不成。講是重點，得明白自己擅長什麼、不擅長什麼，否則便是胡說了。

價錢是另一回事，有些承辦者就是有辦法用最少的錢請到最好的老師，這也是專業。交通引導是關鍵，別相信老師是神仙，會飛，手指一算就知道怎麼去了，這會使老師茫無頭緒，以致生氣。頂尖的承辦人員特別注意小細節，附上地圖，告知怎麼前往，留下緊急聯絡電話，甚至派車接送，他們把老師當成外地人，給予最貼心的提醒。有人因爲這項專業，成了辦理大型演講的行家，開起公司，生意興隆。

電影並非只有導演一人可以成事，編劇重要，劇本也重要，劇情有張力，電影就有錢途。

攝影重要，可以把景拍得美美的令人遐思；吊鋼絲的也很重要，否則李安「臥虎藏龍」的男女主角就無法飛天遁地，美得如詩。

配角也重要，沒有他們參與演出，只有主角怎麼演戲？配樂也缺不得，配得盪氣迴腸、如泣如訴的樂章需要功力，佩服至極。

奧斯卡金像獎之所以成爲盛會，正因有這麼多優秀的頂尖者共襄盛舉，否則肯定遜色不少。他們在各自領域中，全是不折不扣的英雄。

主角未必是演得最好、戲分最重的人擔綱，有時反而是配角，甚至沒有主角的戲最好看；因爲它是一座舞台，人人可以各擅勝場，足以獨當一面，演得精湛就有人欣賞了。

佼佼者，鐵定有位置；哦，還沒有位置？一定是還不夠頂尖，那就加把勁吧，世界將會送給那個肯努力的人。

圓夢不是說說而已，它要實踐。

一步只有一個腳印，它很小，卻很實在。

一分耕耘，就一分收穫吧。

可是不做就什麼也沒了。

哥夫說：「如果想成功，一定得一直製造機會，不能站在路旁痴痴的等待有緣人經過，邀請你一起享受擁有成就。」

1

頂尖密碼

最後的反思

讀者來函訴說他的憂心，擔心成績不佳的孩子如何度過學歷至上的風暴。這是為人父母面對兒女成長必有的心情，一時半刻難解，但卻值得開解。

有一點是要審酌的。社會的實際情形絕不是成績好的人占優勢，在我們周圍，一些表現優秀的人並非出自名校，而關於好學校有好工作的傳說也有謬誤。如果好工作等於朝九晚五忙得要死的工作，我就不敢置喙了，與分數有關的地方只有學校。

關鍵在本事。

學校只教分數不教本事的；可是沒有本事，成績優不優異就無關緊要了。有本事其實很難，非一天兩天可成就。

課本內需要背誦得朗朗上口，全不叫本事，課本外的浩潮如銀河沙數，如何習來？從一而終才是魔法，一輩子只習一項才華，才有機會；學習太多，反而半調子，無一精通。

我的孩子成績都非一流，可是已有一定的本事。女兒愛設計，未來會朝這個方向努力，她做足準備，看來沒有大問題。

兒子的運動細胞不差，是羽球校隊，應該會走向運動領域。

多才多藝是人常犯的毛病，人嘛不可能都好，讀書也是可以考慮的工作之一，當老師或教授，但要讀得很有學問。依目前的教育方式，不可能有萬分之一的學問者，那麼讀書何益。

興趣當重，如果你覺得孩子合適做學問，那麼這是一條路；如果合適做別的，也無妨，但得開始努力了，非精不可。

我的信念一直與瑞士來的木頭馬丁一樣，要做就做到最好。

我不相信最好的會失業。想想，有人問朱銘老師的學歷嗎？有人在意李國修老師聯考考了三次都沒上嗎？蔣勳老師高中唸了強恕中學，有人因而質疑其能力嗎？

不會的，他們全都很有實力。

關心實力，應該遠勝成績才是。

沒有實力的文憑是紙，有了實力的文憑是寶貝。

CU0022

演活自己，就是頂尖——興趣是捷徑，態度有魔法

作　者—游乾桂
主　編—郭玢玢
責任編輯—林芳如
美術設計—柯明鳳
執行企畫—艾青荷
校　對—游乾桂、郭玢玢、林芳如

董事長—趙政岷
出版者—時報文化出版企業股份有限公司
10803台北市和平西路三段二四〇號四樓
發行專線—（〇二）二三〇六—六八四二
讀者服務專線—〇八〇〇—二三一—七〇五
（〇二）二三〇四—七一〇三
讀者服務傳真—（〇二）二三〇四—六八五八
郵撥—一九三四四七二四時報文化出版公司
信箱—一〇八九九臺北華江橋郵局第九九信箱

時報悅讀網—http://www.readingtimes.com.tw
電子郵件信箱—ctliving@readingtimes.com.tw
法律顧問—理律法律事務所　陳長文律師、李念祖律師
印　刷—盈昌印刷有限公司
初版一刷—二〇一〇年五月十七日
初版十刷—二〇二〇年二月十四日
定　價—新台幣二五〇元
（缺頁或破損的書，請寄回更換）

時報文化出版公司成立於一九七五年，
並於一九九九年股票上櫃公開發行，於二〇〇八年脫離中時集團非屬旺中，
以「尊重智慧與創意的文化事業」為信念。

演活自己，就是頂尖／游乾桂著. -- 初版. --
臺北市：時報文化，2010.05
面；　公分

ISBN　978-957-13-5194-0（平裝）

1. 親職教育　2. 子女教育

528.2　　99005632

ISBN　978-957-13-5194-0
Printed in Taiwan